改訂版
ビジネス文書実務
try to start business writing

石井 典子 著
三村 善美

早稲田教育出版

■ Microsoft、Windows は米国マイクロソフト社の登録商標です。
■ Word、Excel は米国マイクロソフト社の登録商標です。

はじめに

　21世紀は高度情報化時代です。スマートフォンなど、デジタルメディアの急速な普及によってインターネットへのアクセスが容易になり、フェイスブックやツイッターなどのソーシャルメディアから自らの情報を書き込んでいる方も多いでしょう。また、電子メールを使っている人もいるでしょう。このようにみると、ひところよりも文章を書く（入力する）機会は増えているかもしれませんが、その方向は短文化、簡略化に進んでいるようです。

　しかし、高度情報化時代であっても、このような時代だからこそ、「正確で」「分かりやすい」文を書き、簡潔な「ビジネス文書を作る」ことがビジネス社会では求められているといえましょう。

　さて、ビジネス文書を作成する目的は、「証拠として残る」、「正確に伝わる」、「多数の人に同時に伝達することができる」などが挙げられますが、これを「文書主義の原則」といいます。

　ビジネス社会では、「文書主義の原則」に基づき、電話や口頭で済まされる内容であっても、文書で伝達していくのが一般的です。

　本書は、この1冊の中で、短文から長文へ、メモ書きから実際に使えるビジネス文書へと段階的に学習できるように収めてあります。

　また、ビジネス文書だけでなく、社会人の常識として、たとえば封筒やハガキの書き方など一般の文書や、ビジネスでは欠かすことのできない敬語表現にも重点を置いてあります。さらに、文章に関する一般常識から編集に関する知識まで幅広い内容を収めました。

　皆さんの「文書作成能力」が、そのままコミュニケーション能力の一つの手段となります。本書で学んだことを、職場や日常生活に十分に活用し、能力のグレードアップにつながるよう期待しております。

著　者

目　次

はじめに
目次
第1章　ビジネス文書はなぜ必要か …………………………………… 5
　　1．文書の機能 ……………………………………………………… 5
　　2．文書化の手順 …………………………………………………… 6

第2章　文書の基礎知識 ………………………………………………… 16
　　1．文の成り立ち …………………………………………………… 16
　　2．文章の構成 ……………………………………………………… 21
　　3．文体の統一 ……………………………………………………… 23

第3章　ビジネス文書 …………………………………………………… 33
　　1．ビジネス文書の種類 …………………………………………… 33
　　2．ビジネス文書の特徴 …………………………………………… 34
　　3．ビジネス文書作成上の注意点 ………………………………… 35
　　4．社外文書の書き方 ……………………………………………… 38
　　5．社交文書の書き方 ……………………………………………… 57
　　　　社交文書で使われる手紙文のことば例 ……………………… 63
　　6．社内文書の書き方 ……………………………………………… 67

第4章　一般の文書 ……………………………………………………… 85
　　1．手紙を書くときの準備 ………………………………………… 85
　　2．縦書き文の基本構成 …………………………………………… 86
　　3．改まった手紙文を書くときの注意点 ………………………… 87
　　4．便箋の書き方 …………………………………………………… 88
　　5．ハガキの書き方 ………………………………………………… 91
　　6．封筒の書き方 …………………………………………………… 97
　　7．電子メールのマナー …………………………………………… 104

第5章　ことばの常識 …………………………………………………… 110
　　1．敬語の種類 ……………………………………………………… 110
　　2．紛らわしい用語の正しい使い方 ……………………………… 115
　　3．決まり文を活用しよう ………………………………………… 119

第6章　文書関連知識 …………………………………………………… 123
　　1．見やすい文書にする工夫 ……………………………………… 123
　　2．視覚的な工夫 …………………………………………………… 127
　　3．用紙サイズと余白 ……………………………………………… 132

　■ビジネス文書文例集 ………………………………………………… 135

第1章　ビジネス文書はなぜ必要か

　オフィスの文書の役割は、「伝達の機能」である。そのため、文書はあくまでも「正確に」「わかりやすく」「簡潔で」「ムダのない」「品位を損なわない」文書を、できるだけ「迅速」に書くことが求められる。
　ビジネスにおける文書の機能や目的は何かを理解し、対処できるようにしよう。

1. 文書の機能

　文書の機能は「情報を正しく伝達する」ことにある。書き手の意図が正しく読み手に伝達され、読み手に何をさせたいのか、どんな行動をとってほしいのかを考えて書くことが重要である。

(1) 何の目的で書くのか

　　ビジネス文書の目的の第一は、『情報の共有』と『情報を伝達』することである。

■『情報の共有』

　ビジネスでの文書は個人的なものではなく、あくまでも公的なものである。「私」の知っている情報は、「あなた」も知っているという、情報の共有化が重要となる。
　また、文書はそこに盛り込まれた内容、あるいは、その表現を通じて会社と相手とのコミュニケーションをスムーズにし、信頼関係を深める役割を持っていることも認識しておかなければならない。

■『情報の伝達』

　情報とは、端的にいえば「事情を知らせる」ということである。ビジネスにおける情報は、電話などによる口頭の伝達だけではなく、文書という証拠能力のある、形あるものにして、読み手に正しい情報を迅速に伝達しなければならない。これを**「文書主義の原則」**という。
　また、書き手の狙いどおりに相手を行動させ、意思決定をみなければ情報を伝達したことにはならない。そのためには、読み手が欲しい情報や必要な情報を収集し、整理することも大切なこととなる。

2. 文書化の手順

(1) | 情報の収集 | ― | 相手の用件をメモにとる |

- ▶ 要領よく、聞いたこと、気付いたことなどをメモにとる。
- ▶ 書き漏らしがないかどうか、5W3Hで復唱するようにする。
- ▶ 複雑な内容の事柄も、正確に伝えるには5W3Hを中心に考え、ふだんから実行する。

(2) | 情報の整理 | ― | メモを箇条書きにする |

- ▶ 必要な情報を整理する。
- ▶ メモを「である体」で箇条書き化する。
- ▶ 番号を付け、項目ごとに書いていく。表現は、常に5W3Hで内容を確認し、情報漏れ、情報の重複などのチェックをする。
- ▶ 筋道は通っているかチェックする。

(3) | 文書の構成 | ― | 読みやすくまとめる（要約する） |

- ▶ 長い文書は要約化する。
- ▶ 要約とは、「論旨などをまとめて短く書き表すこと」で、単に長い文章を短くすることではない。原文の内容を正しく把握することが大切である。
- ▶ 内容を相手が読みやすく、また書き手が確認しやすくする。
- ▶ 何を言いたいのかを、分かりやすく、短くまとめる。

(4) | 内容（目的）の再確認 | ― | 書き終えたら、内容を点検する |

- ▶ 書き終わったら、もう一度よく読んで、「正しく伝わるか」「内容が分かりやすいか」「ミスはないか」などを確認する。その際、誤字・脱字、仮名遣いや送り仮名のミスもチェックするとよい。

相手の用件をメモにとる

(1)-1 **5W3H**

When…………… いつ
Where………… どこで
Who……………… だれが
What…………… 何を
Why……………… なぜ
How……………… どんな方法で
How much…… いくらで
How many…… どのくらい

(1)-2 **メモの書き方**

ポイントを書き出す

　　■だれからの電話をだれに伝えるのか。
　　■いつかかってきたのか。
　　■用件は何なのか。
　　① 必要だと思うものを書き出す。
　　② 書き出したものを、重要度順、行動順などに番号を付ける。
　　③ 分かりやすい表現をする。

＊5W1Hはイギリスの詩人、キップリングの次の詩が元になって生まれたといわれる＊

"I have six honest-serving men;
 They taught me all I knew;
 Their names are
 Where and When and What and How and Why and Who."

伝言メモの例

Who	→	アサヒ商事の田中様から
When	→	今朝の10時20分に電話がかかってきて
	→	明日14日の午後2時に
Where	→	来社し
Why	→	新製品展示会の打ち合わせの件で
What	→	面会したい
How	→	都合を電話してほしい

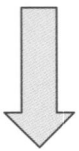

令和〇年11月13日
10：20　鈴木　受

<u>木　村　課　長　へ</u>

　アサヒ商事の田中様からお電話がありました。
＜用件＞
1. 明日14日（火）午後2時に、新製品展示会の打ち合わせの
　件で、面会のご希望。
2. 課長のご都合について、お電話をいただきたいとのこと。
3. 田中様の電話番号は000-1111-2222　（内線）001

以　上

メモを箇条書きにする

(2)-1　箇条書きの手順

箇条書きは文章をまとめるコツでもあり、短文化を習慣づけることにより、論点を整理したり、明確にしたりする。

(2)-2　箇条書きの長所

① 伝達したい事項の重点をはっきりさせることができる。
② 短文で分かりやすく、それ自身まとまっている。
③ 各項目に関連なく並列にできる。
④ 印象を深め、能率的である。

(2)-3　箇条書きの要領

① 内容を決めたら配列順序をつけ、番号を付ける。
　　例：１．２．３．
　　　　　（1）（2）（3）
　　　　　　① ② ③
　　最も重要なことから並べていく。
② 簡単な内容の場合は、名詞・体言止めで、文章になっているときだけ「。」を付けるが、短い語句を並べた場合、末尾には「。」を付けない。
　　例：場所　　東京駅中央口
③ 「常体」（である体）にする。（p.23 参照）
　　箇条書き部分は、本文が「敬体」（です・ます体）であっても、「常体」（である体）にする。
④ 各項には番号や符号を付ける。（※見出し記号 p.133 参照）
⑤ ５Ｗ３Ｈで整理する。
⑥ ＹＴＴ方式
　　Y（Yesterday　過去）
　　T（Today　現在）
　　T（Tomorrow　未来）

【文例】

　　下記のように講演会を企画しましたので、参加してください。「国際情勢と日本経済の見通し」がテーマで、講師は東京経済研究所所長の石岡啓三氏にお願いしてあります。6月4日(金)午後1時から3時までの予定で、教育会館3階のイベントルームで行います。

【箇条書きの例】

　　下記のように講演会を企画しましたので、参加してください。
　　　　　　　　　　　　　　記
　1．テーマ　『国際情勢と日本経済の見通し』
　2．講　師　東京経済研究所所長　石岡啓三氏
　3．日　時　令和〇〇年6月4日（金）13：00〜15：00（予定）
　4．会　場　教育会館3階イベントルーム
　　　　　　　　　　　　　　　　　　　　　　　以　上

読みやすくまとめる（要約する）

(3)-1　要約の要領

① 一度、全体にざっと目を通す。
② 内容を正しく把握するため、丁寧に読む。
③ 文章の要旨に直接関係のある語句をつかみ、アンダーラインを引く。
④ 文章の段落ごとの内容をつかむ。
⑤ 段落ごとの内容を箇条書きにし、番号を付けてまとめる。
⑥ 書いた要約文が、文章の内容を正確に伝えているか。

【文例】

　とにかく、最近の新入社員は、だれかれかまわず「ごくろうさま」と言うらしい。
　しかし、この言葉、それこそ「さま」をつけたからといって、丁寧になるというものではない。なぜなら、この言葉、本来は上位者から下位者に対して、その労をねぎらって使うものだからだ。
　このことは、今も昔もずっと変わらない。
　だから、部長が、部下のあなたに対して、「昨日はご苦労さん」と言ったら、あなたは、「昨日はお疲れさまでした」と返答しなければならない。

【要約例】

　最近の新入社員は、だれかれかまわず「ごくろうさま」と言うらしい。
　しかし、この言葉は「さま」をつけたから、丁寧になるというものではない。なぜなら、本来は上位者から下位者に対して、その労をねぎらって使うものだからだ。
　このことは、今も昔も変わらない。
　だから、部長があなたに「昨日はご苦労さん」と言ったら、あなたは、「昨日はお疲れさまでした」と返答しなければならない。

【問題1】要約例を参考に、(1)と(2)を分かりやすく正確に要約し、短文にまとめなさい。

(1)
> 　ビジネスの現場では、至るところでメモを作成する機会が数多くある。人の話を聞いたり、文章を読みながら、趣意をつかみ、要領よくまとめてメモを作成する。それには平素から心掛けて、要約する能力を養わなければならない。

《解答欄》

(2)
> 　ビジネスの文書では、普通、大体件名や表題を付ける。件名を付けるのは、読む人つまり読み手にこちらの文書の主旨、意図を早く分かってもらうためであり、事務上の処理をすばやくかつ迅速に行うためである。さらには発信・受信した文書を保管する場合の整理・分類を能率よくする狙いもある。

《解答欄》

【問題２】箇条書き例を参考に、(1)と(2)の短文を分かりやすく正確に箇条書きにしなさい。

(1) 　総務課が担当する業務は、社印および社長印を保管すること、社員の人事に関する庶務、役員の文書の受信・発信、什器・備品を管理すること、社員研修の実施および上記に関するその他の事務である。

《解答欄》

参考:『ビジネス文書検定受験ガイド３級』(早稲田教育出版)

(2)
> 　経営者の職能を理論的に分けると、管理職能・革新職能・利害調整職能の三つになる。
> 　管理職能とは、企業規模の拡大にともなって複雑化する組織を、経営全体を見渡して総合的にまとめることであり、革新職能とは、企業を取り巻く環境の変化に適応するよう維持・発展に努めることである。
> 　また、利害調整職能とは、企業・株主・従業員・消費者らすべての共存共栄のために利害の調整を図る。

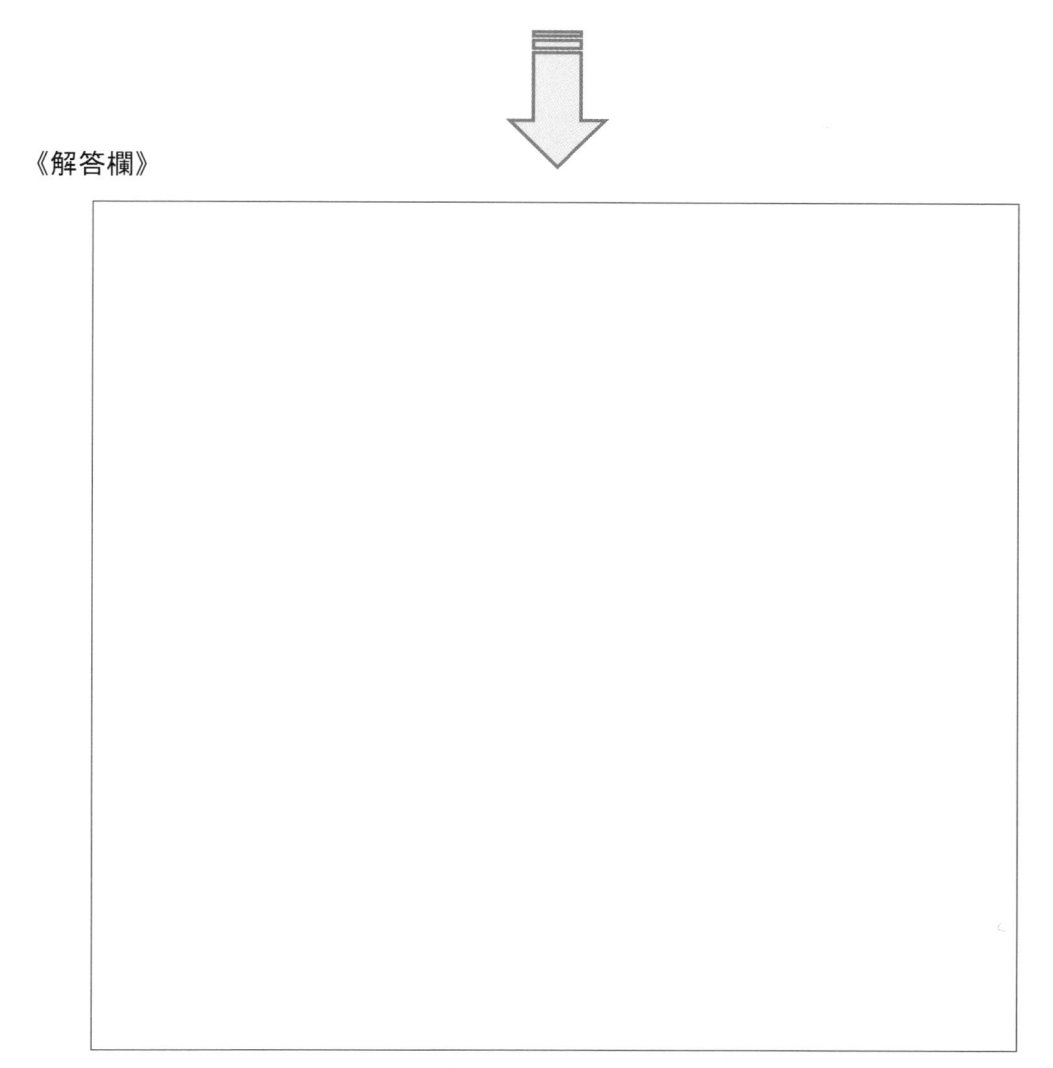

⬇

《解答欄》

参考:『ビジネス文書検定受験ガイド3級』(早稲田教育出版)

第2章　文書の基礎知識

1. 文の成り立ち

　文脈が正しく通っていて、論理が明快な文章を書くためには、文がどのような構造をもち、どのような要素からできているものかを知っておく必要がある。

(1) 単語・文節・文

① 単語

　次の文のアンダーライン部を「単語」という。

```
今日　は　朝　から　雨　が　降って　いる

明日　は　予報　では　晴れる
```

② 文節

　単語の一区切りのことを「文節」という。

```
今日は　朝から　雨が　降っている

明日は　予報では　晴れる
```

文節には、「言い続ける文節」と「言い切る文節」がある。

```
海は　広い。
　海は　……　「言い続ける文節」
　広い　……　「言い切る文節」
```

③ 文

　文は、2つ以上の文節から成り立っている。文節を重ねて長文となる。

```
　　　　　　　　1文節　　　　　　　　　2文節
【文】　今日は、朝から雨が降っている。明日は、予報では晴れるらしい。

【長文】　今日は、朝から雨が降っているが、明日は、予報では晴れるらしい。
```

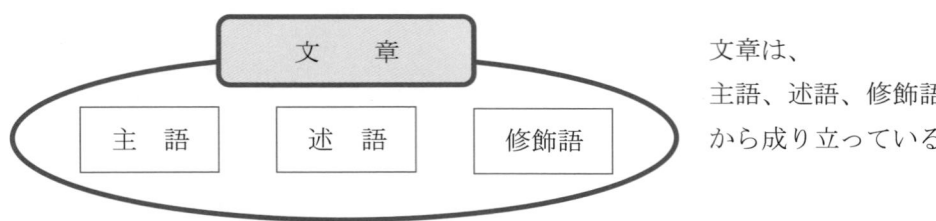

文章は、
主語、述語、修飾語などから成り立っている。

(2) 主語と述語

文章は、主語と述語から成り立つ。
・主語は、主題となる人、物、事柄などを示す部分である。
・述語は、主語の動作、作用、性質、などを示す部分である。
［例］ 社員が働く。
○主語 ＝ 社員が（人，物，事柄など）
○述語 ＝ 働く（動作，作用，性質など）

［例］ 文字がきれいだ。
○主語 ＝ 文字が（物）
○述語 ＝ きれいだ（性質）

上の例にならって分けてみよう。
［例］ 成績がよい。
○主語 ＝ [　　　　　　]
○述語 ＝ [　　　　　　]

(3) 修飾語と被修飾語

修飾とは、もともとは美しく飾るという意味だが、「体言・用言に対して、その性質、状態、数量、程度などを限定するために他の語を添えること」（『日本国語大辞典』小学館）である。
・体言とは名詞・代名詞のことで、これを修飾するのが「連体修飾語」。
・用言とは動詞・形容詞のことで、これを修飾するのが「連用修飾語」。

① 連体修飾語（＿＿＿部分）
　急な坂を下ると、一面に赤い花が咲いていた。
　突然雨が、降りだした。
　この道を行くと、どこに出ますか。
　はなはだ迷惑をしています。

② 連用修飾語（＿＿＿部分）
　やっと晴れてきた。
　少し考える時間をください。

③　漢字を少なくする。
　　● 　代名詞、副詞、接続詞、助詞、助動詞などは「仮名書き」を原則とする。

【例】

代名詞	意味	名詞の代わりをする語（名詞を指す語）
	語例	此の　→　この　　　其の　→　その 之　　→　これ
副詞	意味	状態を示す語を修飾する語
	語例	只　　→　ただ 如何に　→　いかに
接続詞	意味	単語や文を接続する語
	語例	若しくは　→　もしくは　　尚　→　なお 然るに　→　しかるに
助詞	意味	語と語の関係を示す語（「てにをは」と呼ばれるもの）
	語例	外　→　ほか　　　　迄　→　まで 為　→　ため　　　於いて　→　おいて その位　→　そのくらい その内　→　そのうち この様に　→　このように
助動詞	意味	話し手の判断を表現する語
	語例	会い度い　　→　会いたい する可　　　→　するべき

● 　次のような副詞及び連体詞は、一般文書では「仮名書き」でもよいが、公用文（国や公共団体で出す公式の文書）では原則として漢字で書く。
　【例】必ず　少し　既（すで）に　直ちに　甚（はなは）だ　再び　全く　最も
　　余り　至って　大いに　恐（おそ）らく　必ずしも　殊（こと）に　専（もっぱ）ら
　　辛（かろ）うじて　極（きわ）めて　更に　少なくとも　互いに　絶えず
　　例（たと）えば　次（つ）いで　努めて　常に　初めて　果たして　割に
　　実に　切に　特に　小さな　概（がい）して　去る　突然　無論
　　大きな　明くる　大（たい）した　我（わ）が（国）

　　　　　　　　　出典：公用文の書き表し方の基準（資料集）文化庁編集

● 仮名書きにする語句（下線部分はかな書きにする）

中止になる<u>事</u>がある。　→　「場合」の意味の「こと」は仮名書き
その<u>時</u>は電話します。　→　「場合」の意味の「とき」は仮名書き
いまの<u>所</u>、正常です。　→　「場所」の意味の「ところ」は漢字
正しい<u>物</u>を見極める。　→　「忘れ物」「捜し物」は漢字
そう<u>言</u>うわけです。　→　「言う」は「口で言う」ときは漢字
以下の<u>通</u>りです。　→　「とおり」仮名書き。「大通り」や
　　　　　　　　　　　　　「次の通りを曲がる」などは漢字
利用<u>出来</u>る。　→　「可能」の意味の「出来る」は当て字
　　　　　　　　　　「出来高」「出来上がり」などは漢字
話して<u>下</u>さい。　→　「下さい」の前が、「〜で」「〜て」で
　　　　　　　　　　　終わるときは仮名書き

この他に、「許可して<u>頂</u>く」「聞いて<u>見</u>る」など。

（4）接続詞

前の文節と後の文節、前の文と後の文とを結びつける働きをする接続詞は、意味の上から、①順接、②逆接、③累加、選択などに分類できる。

① 順接　⇒　そうして、さて、そこで、だから、すなわち、等
② 逆接　⇒　けれども、しかし、たぶん、等
③ 累加、選択　⇒　あるいは、もしくは、および、また、等

これらの接続詞を使うときは、くどくならないように、適切な使い方を工夫し、できれば使わなくても文脈の方向が分かるようにしたい。

（5）独立語

他の文節と直接の関係をもたず、感動や呼び掛けなどを表すものをいう。

例：<u>ああ</u>、何と素晴らしい景色だろう。

【問題１】次の文章には、原則として「仮名書き」で書く方がよい箇所や「漢字」で書く箇所がいくつかある。その文字を＝＝または／で消して、その文字の<u>上側</u>に正しく訂正して書きなさい。

とくに現在の所、問題は無いと言う事ですが、すでに

ご承知の通り、ちいさな事故だからと言っても、かなら

ずしも許可されない事があるので、連絡が在るまですこ

し待って下さい。

尚、疑問の事がありましたら、係迄連絡して下さい。

2．文章の構成
（1） 序論⇒本論⇒結論（三段構成法）

　文章の構成には、いろいろな方式があるが、最も典型的な方式として「序論」「本論」「結論」の三段に構成する書き方がある。
　ビジネス文書も、この三段構成法を活用して書くと、読み手にとって理解しやすい文章になる。収集した情報や資料を十分に分析・整理して、次のようなことを意識して記述するよう心掛ける。

序論（書き出し）……問題の提起や理由など

　なぜ、この文章を書くのか、その理由や事情を述べる。必要があれば、そうなるまでの経過を説明する。

本論（主文）…………論旨の展開（本当に言いたいこと，目的）

　伝達したい事柄（情報）を的確に、十分に理解してもらえるような記述をする。
　そのためには、「読みやすく、分かりやすく」ということを主眼として、「明文」（明快なことば）で「正確に」かつ「簡潔に」書くように心掛ける。

結論（結び）…………本論・目的や論点のまとめ、補足・提案など

　ここは、あくまでも主文で述べたことを要約したり、こうしてほしいと補足したりする部分である。できるだけ簡略にまとめる。

＜例＞ビジネス文書（案内文）

序論…このたび、当社では新製品ゲームソフト「ミルファーⅢ」を完成いたしました。

本論…つきましては、発売に先がけ日ごろお引き立てをいただいておりますお得意様をご招待して、「ミルファーⅢ」の発表展示会を開催いたします。

結論…ご多忙の折とは存じますが、ぜひともご来場賜りますようご案内申し上げます。

(2) ビジネス文書は結論から先に

ビジネス文書では、このスタイルが多く用いられる。

結　論　⇒	どうなったのか、「結論」が一番知りたいことなので、まず最初に述べる。内容を全部読まないと結論が分からないような文書は、読み手の大切な時間をまったく無視したものとなる。

説明・補足　⇒	結論に至った経緯や過程の説明とその補足を述べる。

提　案　⇒	内容に対しての対策や試案を述べる。

＜例＞ビジネス文書（案内文）

結論…　取扱商品の売上げについて、集計がまとまりましたので、下記のとおりご報告いたします。

説明…１．概況
　　　　（１）夏休みに入り売上減が懸念されたが、商品Ａの健闘もあり、…

補足…２．売上実績表

商品	売上高	当月売上累計	月間予算額	備考

提案…３．今後の施策
　　　　　商品Ｃについては、競合店との価格、輸入品の対抗策などを長期的に…

3. 文体の統一
(1) 常体と敬体

文末の表現形式によって、次の３つに分類される。

① 「だ、である体」（常体）
　▶「……だ」「……である」を用いる。
　　発売の予定だ。／発売の予定ではない。／発売の予定である。

> 「常体」……論文、レポート、公文書等の相手を特定しない文章や、箇条書きに主として用いる。

　この文体は、やや改まった固い感じになり、威圧感や尊大な感じを相手に与える場合があるので、使用するときは十分に注意したい。また、箇条書きでは、主としてこの文体が用いられる。

② 「です、ます体」（敬体）
　▶「……です」「……ます」を用いる。
　　発売の予定です。／発売を予定しています。

> 「敬体」……ビジネス文書（社外・社交文）に主として用いられる。

　「敬体」は、丁寧な文体として、ビジネス文書に使用する場合が多い。やさしい、やわらかい感じになるので、読み手に何かを依頼したり、訴えたりするときはこの文体を使用する。

③ 「でございます体」（最敬体）
　▶「……でございます」を用いる。
　　発売の予定でございます。／発売の予定ではございません。

> 「最敬体」……ビジネス文書でも、儀礼的（社交文）に主に用いられる。

　「最敬体」は、より丁寧さを求められる顧客や目上の人、儀礼文、手紙文に用いられるが、文体が重くなり、よそよそしくなるので、多用しないのがコツである。

文章を書くとき、常体と敬体を混用しないように注意しなければいけない。

【例文】

```
＝常体文（である体）＝
　ことばを上手に使うことの重要さは、教育だけに限るものではない。
　何よりもことばの上手な使用法を学んで、効果的に、明瞭に、正確に、書き、読み、話し、聞き、考えることができるようにならなければならない。
```

⬇

```
＝敬体文（です、ます体）＝
　ことばを上手に使うことの重要さは、教育だけに限るものではありません。
　何よりもことばの上手な使用法を学んで、効果的に、明瞭に、正確に、書き、読み、話し、聞き、考えることができるようにならなければならないのです。
```

【問題２】例文を参考にして、次の短文の常体の部分を＝＝で消し、その上側に敬体にして書きなさい。

　今日の会議では、就業規則の改定が議題の一つとなった。

　出席者から多くの異議がだされた。

　そのため、議事が一時ストップするというハプニングがあった。

　業を煮やして多数決による採決を試みるよりも、ここは社長の採決を仰いだらどうかと言い出す者もいた。

　いずれにしろ、我々が結論を導こうと確認し、その議題は次回の会議に持ち越されることになった。

参考：『ビジネス文書検定模擬問題集』（早稲田教育出版）

(2) 文語体と口語体

文語体……平安時代の書きことばを標準とする。
口語体……現代の話ことばを書きことばで表したもの。

その文末をどのように表記するかで文体が異なるが、一般文書では文語体は避け、口語体で書く。

① 文語体、漢文調は、口語体にする。

文語体・漢文調	口語体
〜の如く	〜のような
しかるに	しかしながら
新たに	新しく
いかなる	どんな
のみならず	ばかりでなく
少なからず	とても
われわれ	私たち
みずから	自分から
おのずから	自然に
しばし	しばらく
かつて	以前
いかにして	どのようにして
においても	でも
おおむね	およそ　だいたい
ごとき	のような
○○べく	○○ので、から
○○にて	○○で
のみ	だけ

② 口語体としての書きことば

ビジネス文書では、口語体としての書きことばが用いられる。話しことばのまま書いては、失礼になるし、知らないで済ますことはできない。

【例】

話しことば	口語体の書きことば
ごめんなさい	申し訳ございません

【問題３】例にならって、空欄に「口語体の書きことば」を書き込みなさい。

話しことば	口語体の書きことば
知っていると思いますが	
少しですが	
待っています	
言いにくいのですが	
会ってほしいのですが	
知らなかったとはいえ	
目をかけてもらって	
見てください	
…となったんです	
わかりました	
中身を調べてから受け取ってください	
忙しいところ悪いのですが	
～のときには	
ぜひ来てください	
早めに何とかしてください	
教えてほしいのですが	
そういうふうに伝えたら	

(3) 段落・字下げ・インデント

　文章の中で、改行がなくどこが内容の切れ目か分からないものがある。
　文章を書くときは、内容が読み手に理解されやすいようにするために、次のような方法で書くとよい。

① 段落（パラグラフ）

　文章中、改行までのまとまりを「段落」（パラグラフ）という。
　内容の区切り、視点が変わったりするところで、行を変える。

② 字下げ

　改行をするときは、最初の1字を空けて（字下げ）書き始める。

【例】段落・字下げ（□の部分は1字分空白となる）

| □連々とそびえる山並みは緑濃く、川のせせらぎが爽やかな夏の音を奏でています。改行 |
| □一昨年のちょうど今ごろ、私はこの地を初めて訪れました。 |

③ インデント（indent）

　文章を他の部分と区別するとき、行頭や行末の位置を変更することをいう。
　インデントには次のような使い方がある。

■段落・箇条書きの部分をインデントする。

| □下記のとおり体育祭を行いますので、ご家族お誘い合わせの上、参加してください。 |
| 　　　　　　　　　　記 |
| □□1．日程　　平成〇〇年7月23日（〇） |
| □□2．場所　　山桃体育館 |

■引用文の部分だけをインデントする。

| □ある文章に「長文の読み方のポイント」が載っていたので参考までに書いておこう。 |
| □□□・いくつの段落に分けられているかを見る。 |
| □□□・繰り返し出てくることばを探す。 |
| □□□・どの段落に結論が書かれているのかを見つける。 |

(4) 句読点

① 句点「。」は、一文の終わりに必ず付ける。

　　ただし、表題、標語、その他キャッチフレーズ、箇条書きの中の文などでは省略しても構わない。

② 読点「、」は、文の中の切れ目をはっきりさせ、文章を読みやすく、分かりやすくさせる役割がある。

③ 読点のつけ方のルール

　ア．<u>主語のあとに付ける。</u>
　【例】　<u>会議室は</u>、本社の6階にある。
　　　　<u>招待状は</u>、本日中に送ってください。

　イ．誤読のおそれのある場合に付ける。
　【例】　課長はうれしそうに売上高の報告をする部下を見た。
　　　　課長は、うれしそうに売上高の報告をする部下を見た。
　　　　　（この場合、うれしそうにしているのは部下）
　　　　課長はうれしそうに、売上高の報告をする部下を見た。
　　　　　（この場合、うれしそうにしているのは課長）

　ウ．対等にならべる単語の間に付ける。
　【例】　委員は、田中、斉藤、鈴木、阿部の4名が選出された。

　エ．文頭においた「さて」「たとえば」（副詞）、「については」（接続詞）のあとに付ける。
　【例】　・さて、このたび当社は……
　　　　・ついては、当社の……

(5) 記号や符号の使い方

① 中点(中グロ)……「・」

　短い名詞を並べたとき、その間に入れる符号。

　【例】　申込書は、住所・氏名・年齢・性別・職業を書いて…

② 小かっこ……………（ ）

　語句や文の後に注記を加えるときに使う。

③ かぎかっこ…………「 」

　他の語句や文を引用するときに使う。

主な「記号・符号」の名称を覚えておこう!

記号	名称	記号	名称
、	読点	※	米印
。	句点	＊	アスタリスク
,	コンマ	＠	単価・アットマーク
.	ピリオド	＿	アンダーバー
・	中点	¥	円マーク
:	コロン	$	ドルマーク
;	セミコロン	&	アンドマーク
?	疑問符	#	ナンバーマーク
!	感嘆符	( )	小かっこ
〃	同じく記号	{ }	中かっこ
々	繰り返し記号	[ ]	大かっこ
ー	長音記号	〈 〉	山かっこ
-	ハイフン	《 》	二重山かっこ
～	波ダッシュ	「 」	かぎかっこ
＋	プラス	『 』	二重かぎかっこ
／	スラッシュ	【 】	すみ付きかっこ
＝	イコール	〔 〕	亀甲かっこ
％	パーセント	' '	シングル引用符
…	三点リーダ	" "	ダブル引用符

【問題４】次の長文を、読みやすく、分かりやすい文章にしなさい。
ただし、主語や述語を考慮し、句点、読点、「　」をつけて、内容に変化を来さない程度に短文化すること。

業務処理の能力にはその業務をいかに効率よく遂行したらよいかと考える能力と業務に関係のある情報をキャッチしそれを素早く処理できる情報を扱える能力がありそれらの能力を支えるものとして実務知識と豊富な経験があげられるがめまぐるしく変化する昨今の情勢の中で職場環境も変容し今やパソコンによる業務処理が必要不可欠となっている。

《分かりやすい文章》

(6) 分かりやすい表現で書く
● 難しい「漢語表記」は使用しない。

　漢字は、一字一字が意味をもっているが、それを二つ、三つと組み合わせて成り立っている。

　漢語とは、「漢字音から成る語」のことで、漢民族の語から来ているところから、日本語の「和語」と対比しても用いられる。<u>文章上では、漢字の熟語や漢字の表記を指すことが多い。</u>

　私たちが日常使用する言語表現は、この漢語を使用することにより、ことばの数が豊富になるばかりでなく、文章に簡潔さと力強さを与え、歯切れのよい、きびきびとした調子を生みだすともいえる。

　しかし、それも程度問題で、読み手を意識して読みやすい文章にするには、難しい漢語や聞き慣れない漢語はなるべく避けることが大切である。

〈漢語表現と和語表現の比較（例）〉

漢語表現	和語表現
他日	いずれ、そのうち
過日、先般	先日は、さきごろ
従来	これまで
当該（とうがい）	その、この
漸次（ぜんじ）	次第に、おいおい
暫時（ざんじ）	しばらく、少しの間
逐次（ちくじ）	順次、順を追って
本来	もともと
大略	およそ、だいたい
見解	考え、意見
所定の手続きに従い	定められた手続きで
一環として	ひとつとして
衷心（ちゅうしん）から	心から
充当する	あてる、当てる
拒否する	受け入れない
救援する	救う

※和語 … 日本の伝統的な「やまとことば」をいうが、順次、意見など和語の漢字表記もある。

※漢語 … もともと中国伝来のことばだが、明治以降、日本で作られた漢語も多い。（例）社会、労働者　など

【問題５】次の文の「漢語表現」を「和語表現」に書き直して、分かりやすい文にしなさい。

1．過日は、ご多忙中のところ当社懇親パーティーにご来臨いただき、衷心より御礼申し上げます。
2．所定の手続きが終了するまで、暫時お待ちください。
3．上層部の見解を明確にするため、従来の組織の大要を図式で表示した。

《和語表現》

第3章　ビジネス文書

1. ビジネス文書の種類

ビジネス文書は、次のような文書に大別することができる。

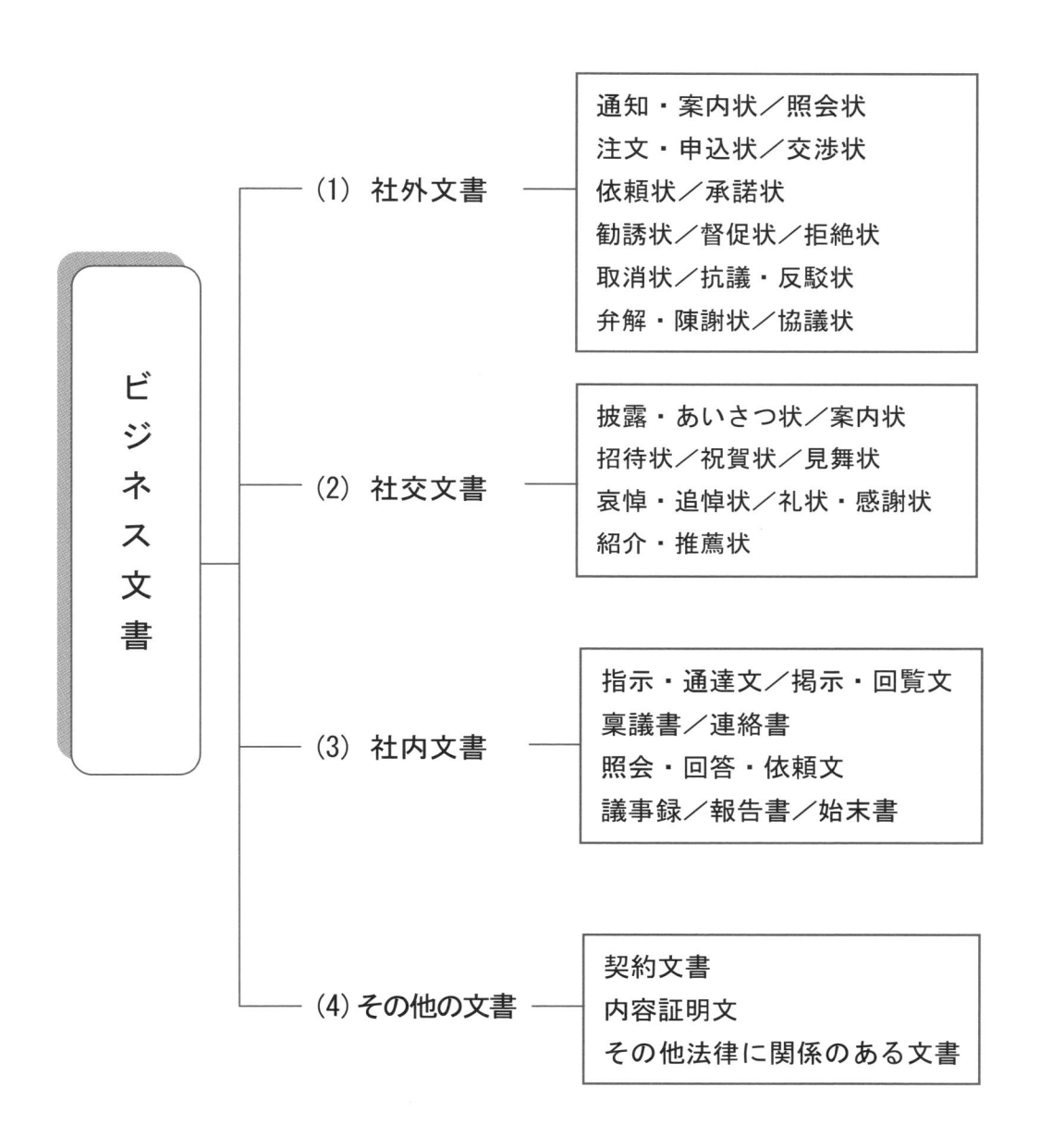

ビジネス文書
- (1) 社外文書
  - 通知・案内状／照会状
  - 注文・申込状／交渉状
  - 依頼状／承諾状
  - 勧誘状／督促状／拒絶状
  - 取消状／抗議・反駁状
  - 弁解・陳謝状／協議状
- (2) 社交文書
  - 披露・あいさつ状／案内状
  - 招待状／祝賀状／見舞状
  - 哀悼・追悼状／礼状・感謝状
  - 紹介・推薦状
- (3) 社内文書
  - 指示・通達文／掲示・回覧文
  - 稟議書／連絡書
  - 照会・回答・依頼文
  - 議事録／報告書／始末書
- (4) その他の文書
  - 契約文書
  - 内容証明文
  - その他法律に関係のある文書

2. ビジネス文書の特徴
(1) 社外文書

　　本来、ビジネス文書といわれるもので、社外に向けて出される文書であることから、責任者の名前で出すことが多く、捺印され正式の書類となる。
　　ビジネスでは文書主義がとられるところから、商取引に関する文書を含める。
　　特に商取引上の文書は、常に相手に感謝の気持ちを込め、企業間の取引に誠意ある態度を示す文書が求められる。

　▶　文書の役割を明確にする
　　　電話や電子メールで、ビジネスの伝達手段も変化しているが、即時性、対話性などの長所も多い反面、欠点もある。電話での聞き間違い、電子メールの送信ミスなど致命的である。その点、文書は、正確性、記録性では、はるかに優れ、証拠能力もあり、ビジネスの伝達に欠かせない。

　▶　意思を的確に伝える
　　　取引文書では、こちらの意図するところが正しく相手方に理解されることが絶対的要素である。「…承諾いたします」「…までにご送付いたします」とイエス、ノーをはっきりさせて、後日誤解のないようにしなければならない。

(2) 社交文書（慶弔状）

　　社外文書に含まれるが、特に社交的、儀礼的な意味を持つ文書を指す。
　　たとえば、社長就任、役職者の異動の披露、あいさつ状、祝賀状、慶弔状に代表される。ときには、格調の高さが求められることもある。

(3) 社内文書

　　自分の会社内、支店、営業所などで用いる文書である。社外文書と異なり、受取人、差出人とも役職名だけとするなど、様式も簡略化され、儀礼的要素は不要である。

(4) その他の文書

　　契約文書、内容証明、その他法律に関係のある文書等を指す。

3. ビジネス文書作成上の注意点

ビジネス文書作成において、一般的には次のことに注意したい。

（1） 情報の内容を把握する

▶ 事前にその文書に盛り込む情報が、仕事とどのような関連をもっているか。また、その関連において、どれだけの価値をもっているのかを十分に検討・把握したい。

（2） 相手に分かりやすい文書にする

▶ 文書の内容が、自分には理解できても、相手が理解できないと何の役にも立たない。ビジネス文書には、必ず相手がいるということを認識して、無駄のない、簡潔な文書を心掛ける。難しいことばはなるべく避け、分かりやすく表現する。

（3） 箇条書きを心掛ける

▶ すべての文書にそのまま応用はできないが、無駄のない、簡潔な文書を作成するには、箇条書きが分かりやすい。

▶ 箇条書きの効用は、誰が見ても明快で、字数も省略でき、文章をまとめやすい。書く側にとっても読む側にとっても一番能率的である。そのためには、要点をよく把握することが大前提となる。

（4） 結論を先に書く

▶ ビジネス文書は、失礼にならない限り、結論から先に述べること。表題はその一つの表現である。相手の貴重な時間を共有することを意識して、内容が一見して分かる文書を心掛ける必要がある。

▶ 現代的なビジネス文書のパターンは、「起承転結（きしょうてんけつ）」ではなく「結承転提（けっしょうてんてい）」スタイルともいえる。

　① 結論を先にして
　② それを承（う）けて、その根拠、理由、経緯などの説明
　③ 転（てん）じて他の例などの説明で補強し
　④ 最後に提言・意見を述べるという順序になる。

　結論と提言は「５Ｗ３Ｈ」の要素に分けて、重要事項順に整理し、書き込んでいく。

(5) センテンスを短くする

相手が内容を把握する上でも、一つのセンテンスはできるだけ短くすることが肝要である。
- １センテンスは、３０字～４０字程度の文を中心に書く。
- 「ので」や「が」などの接続詞をやたらに使って、文章をダラダラと長くしない。

【問題１】企業におけるビジネス文書は、どのような役割をもっているのかを１００字以上３００字以内にまとめなさい。

【問題２】ビジネス文書を作成する上で、心掛けるべき要点を１００字以上
　　　　３００字以内にまとめなさい。

【問題３】「５Ｗ３Ｈ」とは何か。１００字以上３００字以内で書きなさい。

4.社外文書の書き方

　社外文書は、ほとんどが形式化されており、この形式は、文書としての体裁とビジネスの能率といった両面から長い間に築かれたものである。

（1）社外文書のスタイル

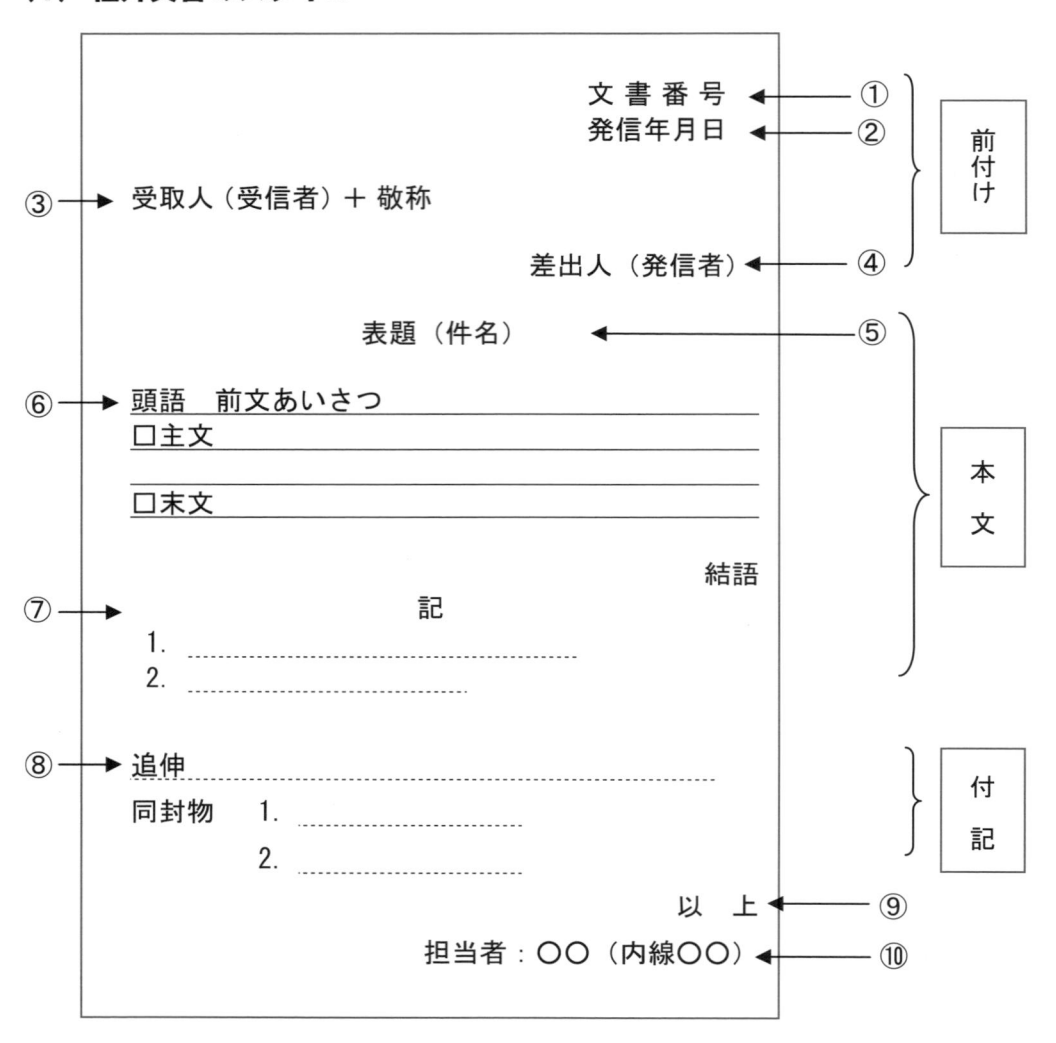

```
                                         文 書 番 号  ← ①  ⎫
                                         発信年月日   ← ②  ⎬ 前付け
③ → 受取人（受信者）＋敬称                                    ⎪
                                         差出人（発信者） ← ④ ⎭

                        表題（件名）              ← ⑤   ⎫
⑥ → 頭語　前文あいさつ                                      ⎪
     □主文                                                 ⎪
                                                          ⎬ 本文
     □末文                                                 ⎪
                                              結語          ⎪
⑦ →              記                                        ⎪
          1. ................................              ⎪
          2. ................................              ⎭

⑧ → 追伸................................................   ⎫
     同封物　1. ................................            ⎬ 付記
            2. ................................            ⎭
                                          以　 上  ← ⑨
                                          担当者：〇〇（内線〇〇） ← ⑩
```

-38-

社外文書の書式例

```
                                            人 発 第 12 号
                                            令和○○年4月8日
    守山電器株式会社
      川崎工場長　下田　徹郎　様
                                   株式会社　宇田川商事
                                     人事部長　川島　弘一　㊞


                    貴工場見学のお願い

拝啓　貴社ますますご発展のこととお喜び申し上げます。
　さて、当社では、5月6日から新入社員研修を、同封の計画表により実施いたしますが、そのうちの1日を、当社取り扱い品の生産工程の見学に組み入れたいと考えております。
　つきましては、ご多忙中恐れ入りますが、下記の予定で貴工場を見学させていただければ幸いでございます。
　誠に勝手なお願いで恐縮ではございますが、ご高配のほど、よろしくお願い申し上げます。
　まずは、ご依頼申し上げます。
                                                  敬具
                         記
  1. 日　時　5月15日（○）15時から約2時間
  2. 見学者　当社新入社員　約15名
  3. 引率者　人材開発課係長　北村健二

  なお、正確な人数は、前日までにご連絡いたします。

  同封　令和○年度新入社員研修計画表　1通            以上

                                   担当：人材開発課　小野
                                   電話：(03) 3200-6675
```

前付け：（差出・宛先部分）
本文：前文／主文／末文／記書き
付記

参考：『ビジネス文書検定受験ガイド3級』（早稲田教育出版）

① 文書番号
　　社外に出る文書は、後々内容の確認が必要となることを考慮して番号を付けておく。また、社交文書（あいさつ状、祝賀状）など、後の確認が不要な文書では省略する。

② 発信年月日
　　必ず書かなければならない。
● この書類を発信する年月日を記入する。
● 西暦を使うか、日本の元号を使うかは、その会社の慣例に従うこと。

③ 受取人（受信者・あて名）＋敬称
　　正式な名称を書く。第1行目に会社名を、第2行目に個人名を書くが、次の点に注意しなければならない。
● 敬称は受取人によって次のように変化するので、注意すること。
　　敬称は、いずれか一つを用いる。

〈敬称のつけ方〉

受取人	敬称	例
官公庁・会社などの団体名	御中	○○銀行　御中
職名、または個人名をつけた職名	様（殿）	鈴木支店長　様
会社名＋職名＋個人名のとき	様	りんご銀行 　人事部長　山内一郎様
多数（同文の場合）	各位	株主各位
個人（氏名を書いたとき）	様	田中　次郎　様
自分が師と仰ぐ人、または恩師など、先生を職業としている人	先生	山田　和子　先生

④　差出人（発信者）

　社外文書の場合、差出人の欄の第1行目に住所、2行目に会社名、3行目に職名と氏名を書くのが原則となる。（住所は通常は省略する）

　差出人は、ほとんどがその会社の代表者か、そのセクションの責任者である。その文書の発信に対して責任を明確にするため、社外文書には、公印を押印するのが原則である。ただし、次の場合には例外として、個人印の押印を省略することもある。

● 祝賀状、礼状など、個人的要素が強い場合。
● 簡単な業務連絡文書で、差出人の責任権限に直接関係がない場合。
● 当事者間で、相互に、先方の責任権限を熟知している場合。

⑤　表題（件名）

　表題は、文書の見出しとして付ける、件名・タイトルである。その文書の内容（主題）が一見して分かるように書く。能率を重んじるビジネス文書では、当然見やすく、分かりやすい表現を工夫しなければならない。

　「○○について（依頼）」というように（　　）内に文書の種類を表すものを入れると、より具体的になる。

　新聞や雑誌では、この件名に当たるものが「見出し」である。

　社外・社内文書では例外なく書くが、社交文書の一部（特に儀礼的なあいさつを主体としている文書の場合）には、これを省略することがある。

⑥　本文（手紙文）

　本文の部分を独立して用いるときは、手紙文ともいう。

● 前文（手紙文の最初に書くあいさつ文）
　・ 頭語（書き出しのことば、冒頭語ともいう）
　・ 時候のあいさつ ⎫
　・ 安否のあいさつ ⎬ などのいずれかを組み合わせる。
　・ 御礼のあいさつ ⎭
● 主文（目的となる文）
● 末文（締めくくりの文）
　・ 結語（終わりのことば）
　　　頭語と結語はペアで用いる。

- **頭語**　通常の場合……拝啓（「謹しんで申し上げます」の意）
　　　　　丁重な場合……謹啓（拝啓と同じ意味だが、拝啓より敬意が高い）
　　　　　簡単な場合……前略（「前文（時候、安否のあいさつ）を略す」
　　　　　　　　　　　　　　　という意）
　　　　　返信の場合……拝復（「謹しんで返事をします」の意）

- **時候のあいさつ**

　手紙文として、頭語のあとには、この時候のあいさつが続くが、事務的な文書は簡略化する傾向にある。

　時候のあいさつを「時下（このごろ）」と簡略化することもある。

　なお、時候のあいさつの主なものを下表に挙げるので、参考にしてほしい。

1月	新春の候	厳寒の候	寒さ厳しき折から
2月	立春の候	余寒の候	余寒厳しき折から
3月	早春の候	春寒の候	春まだ浅いこのごろ
4月	陽春の候	春暖の候	春爛漫の折から
5月	新緑の候	初夏の候	薫風かおるこのごろ
6月	向夏の候	梅雨の候	向暑の折から
7月	盛夏の候	酷暑の候	暑さ厳しき折から
8月	残暑の候	晩夏の候	残暑なお厳しき折から
9月	初秋の候	新涼の候	燈火親しむ季節となり
10月	秋冷の候	中秋の候	秋も深まり
11月	晩秋の候	暮秋の候	向寒のころとなり
12月	初冬の候	師走の候	歳末ご多忙の折から

＜注＞時候のあいさつは、季節を２４等分して示す中国伝来の「二十四節気」をもとに用いられることが多い。春分、秋分などはこれに当たる。

● 安否のあいさつ

（ア）団体宛て

貴社ますますご隆盛のこととお喜び申し上げます。

会社の安否つまり繁栄を喜ぶあいさつである。

貴社	ますます	ご隆盛の	ことと	お喜び申し上げます。
貴店	いよいよ	ご発展	の由	大慶に存じます。
貴行		ご盛栄	の段	何よりと存じます。
			の趣	

（イ）個人宛て

貴殿ますますご健勝のこととお喜び申し上げます。

個人の安否つまり健康を喜ぶあいさつとなる。

貴殿	ますます	ご健勝の	ことと	お喜び申し上げます。
貴下	いよいよ	ご清栄	の由	大慶に存じます。
あなた様には		ご清祥	の趣	何よりと存じます。
		ご壮健		

　　表現は、上記の標準的な表現を部分的に変形したものであり、各パートを組み合わせて用いるが、ことばの意味が不明のときは、辞書で確認すること。

● 御礼のあいさつ

平素より格別のお引き立てを賜(たまわ)り、厚く御礼申し上げます。

平素より	格別の	お引き立てを
毎々	格段の	ご愛顧(あいこ)
毎度	多大の	ご懇情(こんじょう)
日ごろは	ことのほか	ご芳情(ほうじょう)

賜り	厚く	御礼申し上げます。
あずかり	ありがたく	感謝申し上げます。
いただき		深謝申し上げます。

=参考=
　あいさつの意味が異なるため、団体宛てと個人宛てを区別して用いる。
　〇会社・団体宛ての場合
　　ご盛栄……会社が盛んに栄えること。
　　ご隆盛……会社が勢い盛んなこと。栄えること。
　〇個人宛ての場合
　　ご清栄……清く栄えること。相手の健康と繁栄などを祝う。
　　ご清祥……相手が、元気でめでたく暮らしていることを祝う。
　　ご清勝……相手が、健康で暮らしていることを祝う。

第3章 ビジネス文書

● **主文**

主文は、その文書の目的となるもので、中心的部分である。
・主文に入るときは、「さて、」という起語から入る。そのあとに文書の主題を書く。
※「つきましては、」「ついては、」の起語は、その前の文を受けて、具体的事項を表すときの接続のことばとして書くので注意。
※起語とは、書きはじめのことば、起こすことばの意味で、主文に入るときのつなぎのことばをいう。

● **末文**

末文のあいさつは、通常、文章全体を締めくくる役目をもっており、次のような表現をする。

まずは	書中をもって	ご依頼	申し上げます。
右	取り急ぎ 書中にて	御礼 御祝い	

なお、末文を主文に入れ、省略する場合もある。

● **結語**

末文のあいさつの最後には結語が置かれる。

結語が …… 敬具 ⇒ 「謹しんで申し上げました」の意
　　　　　　敬白 ⇒ 「うやまい謹しんで申し上げました」の意
　　　　　　草々 ⇒ 「取り急いで走り書きしました」の意

※ 頭語と結語はペアで使う

頭語	結語
拝啓 拝復	敬具
謹啓	敬白
前略	草々

⑦ 記
- 「記書き」「記事項」と言い、中央へ「記」と書くスタイルとなる。
- ビジネス文の用件となるもので、それによって次の行動につながるものである。
- 文中に入れると読みにくく、分かりにくいため、わざわざ別に書き出し、番号を付け箇条書きとする。
- 日時、場所、議題等の項目を出して、分かりやすくする。(p.10参照)

⑧ 付記
- 特に注意を喚起する事項や、書き漏らした事項を記入する。
    例……「なお、終了後講師を囲んで懇談会があります」
- 同封物
  文書と一緒に同封するものがあるとき
    例……「同封物　　請求書1通」

⑨ 以上
- 文書全体が終了したことを示すもので、「記書き」「記事項」の最終行または次行へ入れる。
- 「以上」の位置は、「記書き」が終わった同行の右寄せか、または次行の右寄せとする。
- 「以上」の後は、担当者だけを入れる。

⑩ 担当者
- 差出人は、その文書の責任者や担当者の上司の氏名を書くが、ここには文書の直接の責任者名を入れる。
- また、連絡・問い合わせ等を予想し、電話番号や内線番号も入れる。なお、通達文(指示・命令)や社交文書では、担当者名は不要である。

【問題４】次のビジネス文書の書式で、①～⑰に当てはまるものを下の語群から選び、（　）の中に名称を書きなさい。

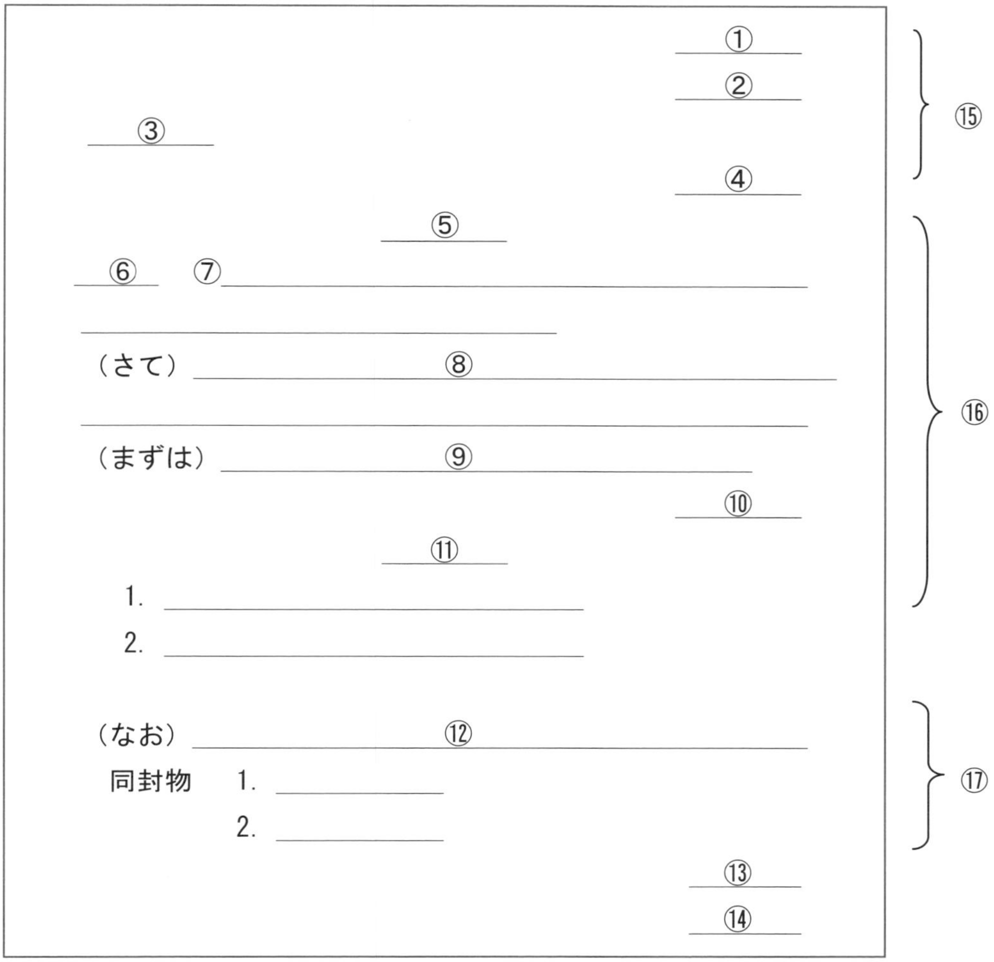

《語群》１．前付け　２．前文　３．本文　４．主文　５．末文　６．追伸
７．以上　８．件名　９．記　10．結語　11．付記　12．担当者名
13．文書番号　14．発信者名　15．発信日付　16．受信者名・敬称　17．頭語

《解答欄》

①		⑦		⑬	
②		⑧		⑭	
③		⑨		⑮	
④		⑩		⑯	
⑤		⑪		⑰	
⑥		⑫			

【問題５】次のカタカナ文の（　　　）内に適切な頭語と結語を入れ、本文を漢字仮名交じり文に直して、下の枠内に書き、体裁の整った文書にしなさい。

（　　　）貴社ますますご発展のこととお喜び申し上げます　平素は格別のお引立てを賜り厚く御礼申し上げます　さて　この度はご愛顧をいただいております　御礼のしるしとして　心ばかりの品を別便にてお送りいたしました　何とぞお納めくださいますようお願い申し上げます　まずは御礼かたがた歳末のご挨拶申し上げます（　　　）

【問題6】次の1と2の文章に適切と思われる件名をつけて、内容を箇条書きで書き改めなさい。

1　本社が移転します。移転先は、中央区日本橋3－5　高松ビルです。業務開始は、令和〇〇年6月11日（〇）からになります。電話番号の変更はありません。地図を添付します。

2　10月30日（〇）に東西大学の研修センターで行われた「文書実務コース」の研修に午前9時から午後4時まで参加した。研修カリキュラムとテキストは、別紙のとおりである。

(2) 社外文書例

① 案内状

案内状【文例】

20○○年9月1日

お取引先各位

サンライズ商事株式会社
総務部長　坂内　三郎　㊞

電話番号変更のご案内

拝啓　新涼の候、ますますご盛栄のこととお喜び申し上げます。平素は格別のお引立てを賜り厚く御礼申し上げます。
　さて、当社電話番号が下記のとおり変更になりますので、誠に恐縮ではございますが、お手元の当社番号をご変更いただきますようお願い申し上げます。
　今後とも変わらぬご愛顧を賜りますようお願い申し上げます。
　まずは、書面にてご案内申し上げます。

敬　具

記

変更日：20○○年9月15日（○）9：00〜
新番号：03-1234-5678（代表）

以　上

② 依頼状

　依頼状の特徴は、相手の好意に訴えるという点にある。物事をお願いするのであるから、心から誠意をもって書かなければならない。
　依頼の目的・内容・範囲を明確に書く。あいまいな表現は、相手の協力を得られないばかりでなく、失礼にもなるので注意したい。
　就職活動で用いる会社案内送付依頼などは、これにあたる。

依頼状【文例】

　　　　　　　　　　　　　　　　　　　　　　　　　令和○○年9月○日

オーシャン旅行株式会社
　　渋谷支店　営業部　御中

　　　　　　　　　　　　　　　　　　　　　　株式会社　青井商会
　　　　　　　　　　　　　　　　　　　　　　　　総務部　吉山　智子

　　　　　　　　　　　秋の社員旅行見積書送付のお願い

拝啓　新涼の候、貴社ますますご隆盛のこととお喜び申し上げます。
　さて、標記の件につき下記の内容にて貴社旅行案内の見積書を作成の上、至急当社宛てお送りいただきますようお願いいたします。
　まずは取り急ぎ見積書送付のご依頼まで。
　　　　　　　　　　　　　　　　　　　　　　　　　　　　　　敬具

　　　　　　　　　　　　　　　記
　　1. 日　程　　10月2週目の土曜日（日帰り）
　　2. 場　所　　関東近郊の温泉
　　3. 予　算　　一人7,000円
　　　　　　　　　　　　　　　　　　　　　　　　　　　　　　以上

③　通知状
　　通知状は、日常の業務活動に必要な事項を、多数の相手に知らせることを目的とした文書である。

通知状【文例】

月曜休日のお知らせ

　拝啓　時下ますますご隆盛のこととお喜び申し上げます。平素より格別のご愛顧を賜り、厚く御礼申し上げます。
　さて、このたび弊社平松工場では、9月より毎週月曜日を休日にすることといたしました。従来の土曜休日とあわせて3連休となります。
　当面、お取引先各位には、なにかとご迷惑をおかけするとは存じますが、なにとぞ、ご協力いただきますようお願い申し上げます。
　まずは、書面にてお知らせ申し上げます。

敬　具

令和〇〇年7月〇日

　　　　　　　　　静岡県浜松市平松1-10
　　　　　　　　　　浜平産業株式会社
　　　　　　　　　　　平松工場長　小松　仁志

通知状【文例】

令和〇〇年3月1日

取締役　久　野　達　三　殿

札幌市中央西8条北三丁目
酒井屋株式会社
代表取締役　山村　曾太郎　㊞

取締役会招集のご通知

謹啓　時下ますますご清栄のこととお喜び申し上げます。
　さて、下記により取締役会を開催いたしますので、ご多忙中のところご参集賜りたくお願い申し上げます。
　まずは、ご通知申し上げます。

敬　白

記

1．日　時　　令和〇〇年3月20日（〇）　午後1時から
2．場　所　　当社3階　第1会議室
3．議　案　　(1)　第8回定時株主総会開催の件
　　　　　　(2)　第8期決算案承認の件
　　　　　　(3)　任期満了による役員改選の件
　　　　　　(4)　その他

以　上

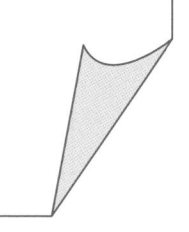

④　注文・申込状

　　注文・申込状は、一般的に帳票化（定型化）されているものが多い。
　　注文状や申込状の慣用句として、よく使用される語には次のようなものがある。
　　　　表題　⇒　「○○注文の件」「○○の申込み」
　　　　本文　⇒　「注文申し上げます。」「申込みいたします。」
　　　　主文の終わり　⇒　「よろしくお手配のほど、お願い申し上げます。」
　　　　　　　　　　　　「なにとぞお手配賜りたくお願い申し上げます。」

注文状【文例】

```
                                          20○○年11月10日
　合同会社　丸吉商会　御中
                                    ホテル ハイブリッド
                                      株式会社　芳明館　㊞

                    ワイン（ミニボトル）注文の件

拝復　向寒の候、ますますご繁栄のこととお喜び申し上げます。
　さて、例年どおり貴社ミニボトルをお得意様に差し上げたく、10月30日
付営販発第 68 号のお見積もりのとおり、下記のように注文いたします。
よろしくお手配のほど、お願い申し上げます。
                                                    敬　具
                        記
    1. 品　　　名    赤ワイン・白ワイン（ミニボトル）
    2. 数　　　量    各100本
    3. 納　　　期    20○○年11月25日（○）
    4. 受取場所      当社持ち込み
    5. 運送方法      御社ご指定
    6. 支払条件      従来どおり
                                                    以　上
```

※文例は末文を省略してある例である。

案内状の作成練習

【問題7】 次の内容を社外文書の本文として作成しなさい。
（前付け不要）

> 1) 毎々お引立てを賜り厚く御礼申し上げる。
> 2) このたび当社の新製品の発表会を下記のとおり開催するので、ぜひ来場いただきたく案内申し上げる。
> 3) 特にIT関連機器は実演をもって説明する。
> 4) 多忙中のところ恐縮だが、万障お繰り合わせの上、来場賜りますようお待ちする。
> 5) まずは案内申し上げる。

ヒント：① 敬語表現にすること。
② 前文・主文・末文の形式を守ること。
③ 不足していることは補うこと。

《解答欄》

【問題8】次のような内容で案内状を作成しなさい。

同窓会開催の案内状
1) 初夏の季節に案内を出す。
2) 久しぶりの同窓会で前回から5年を経過している。
　　身辺の変化も著しいものがあり、きっと話もつきないだろう。
3) 先生方も壮健で各クラスとも出席してもらえそう。
4) 多数の方々の参加を待っている。
5) 日時　　　令和〇〇年〇〇月〇〇日（日曜）
　　　　　　　18：00～21：00
6) 場所　　　目黒　レストランメロン（別紙案内図）
7) 会費　　　￥10，000（当日会場で）
8) 出欠の有無を同封ハガキでお知らせ下さい。

《解答欄》

5.社交文書の書き方

　社外文書の中の、社交的・儀礼的文書を社交文書という。
　社交文書は、慶弔状(けいちょうじょう)ともいわれ、取引先の祝事(いわいごと)・弔事(ちょうじ)だけでなく、自社のできごとなど、たとえば以下のようなものがある。

● **慶事(けいじ)に対する祝賀状で、自社ばかりでなく取引先も同様である。**
　　例：落成(らくせい)、新築、増築、就任、創立記念、開店、開業等の祝い

● **個人の慶事に対する祝賀状**
　　栄転、役職就任、功労表彰、受賞、当選、入選、叙勲(じょくん)等の祝い

● **年賀状**

　社交文書は、横書きもあるが、縦書き・手書きで書かれ、良質の用紙、字体も教科書体・行書体などを使い、出すタイミングも、役員の人事異動は決定後できるだけ早い時点とするなど、ある程度の格式や配慮が求められる。

(1) 社交文書例
① 祝い文

　　本来は、直接出向いて口頭であいさつすべきだが、できない場合の文書である。礼を失すると、取り引きにも影響するので、心を伝えたい。もちろん手書きが望ましい。

　　祝い文で、特に気を付けなければならないことは、忌みことば(p.62参照)に注意し、いたずらに美辞麗句を並べたり、形式に捉われすぎて、社交辞令に終わることのないように誠意を込めて書くことである。

祝い文【文例】

拝啓　陽春の候、ますますご清栄のこととお喜び申し上げます。

　さて、貴殿にはこのたび代表取締役社長にご就任あそばされ、誠におめでとうございます。心からお祝い申し上げます。

　業界多事の折から、貴殿の一層のご自愛ご自重の上、ますますご健闘のほどお祈り申し上げます。

　なお、ぶしつけではございますが、お祝いのしるしまでに粗品をお贈りいたしました。ご笑納くだされば幸いでございます。

　まずは略儀ながら書中をもってご祝詞申し上げます。

敬　具

令和〇年四月五日

児玉商事株式会社
取締役社長　児　玉　達　夫

黒　川　浩一郎　様

祝賀状【文例】

　　　　　　　　　　　　　　　　　　　　　　　　令和〇〇年〇月〇日

　昭和興産株式会社
　　東京支社長　香坂　幹彦　様

　　　　　　　　　　　　　　　　　　　平成商事株式会社
　　　　　　　　　　　　　　　　　　　　取締役社長　森田　太一　㊞

　拝啓　時下ますますご清栄のこととお喜び申し上げます。平素より格別のご高配を賜り厚く御礼申し上げます。
　承りますれば、このたび貴殿には昭和興産株式会社東京支社長にご就任あそばされた由、大慶に存じます。
　貴殿のご円満なるご人格と卓越せるご識見により、業界の発展のため存分のお働きをなされることとご期待申し上げております。
　まずは、略儀ながら書中をもってご祝詞を申し述べます。
　　　　　　　　　　　　　　　　　　　　　　　　　　　敬　具

※卓越：ほかより抜き出てすぐれていること。

② 礼　状

　礼状はビジネス活動だけでなく、社会生活でも最も用いられる文書である。礼状は、「一週間以内に」とよく言われる。遅れたことを気にして出しそびれることもあるが、遅れても出さないよりは出す方がよい。できるだけ早く、短くても誠意を込めて書くことが大切である。

礼状【文例】

　　　　　　　　　　　　　　　　　　　　　　令和〇〇年〇月〇日

　株式会社サンコー
　　営業部長　斎藤浩一郎　様

　　　　　　　　　　　　　　　　田中商事株式会社
　　　　　　　　　　　　　　　　　営業課長　佐東　和夫　㊞

拝啓　時下ますますご隆盛のことと存じます。
　さて、過日の大阪出張に際しましては、御当地不案内の私に対しまして、種々お手配を賜り厚く御礼申し上げます。
　お蔭様で、所期の目的を達することができましたのも、斎藤部長様はじめ、皆様方のお力添えの賜物と感謝いたしております。皆様方へよろしくお伝えください。
　一昨夕無事帰京いたしました。他事ながらご休心ください。
　今後とも倍旧のご厚誼を賜りますようお願い申し上げます。
　まずは取り急ぎ御礼申し上げます。
　　　　　　　　　　　　　　　　　　　　　　　　　　敬　具

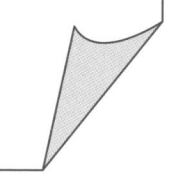

※所期の目的：期待していた目的。

③　見舞状

　見舞状には、火災、風水害等に対する見舞い、病気に対する見舞いの2種類がある。どちらも、見舞うべき事柄は、突発的に起るものであり、これを知った時点で直ちに、見舞状を書くという心掛けが必要である。
　相手の立場に同情し、慰め、励ますのが目的なので、相手を思いやる気持ちをもって、つぎの内容に留意して書くようにする。
- ● **前文は、緊急な場合であるため省略するのが普通である。**
- ● **被災情報が入り次第、すぐに出すことが大切である。**

見舞状【文例】

```
                                            令和〇〇年〇月〇日
大地建設株式会社
　　社長　北島　紀夫　殿
                                        京阪商会株式会社
                                            社長　後藤　幸司

　前略　今朝のテレビニュースにより、御地の大雨による水害状況を知り、たいへん案じております。さっそくそちらへ電話をお掛けしたのですが通じないため、貴本社にお伺いしたところ、復旧までには時間がかかるとのこと。ただ御社および従業員のみなさまのご無事をお祈りするばかりでございます。
　御社や従業員のみなさまが万一被災されておられる場合は、何なりとお役に立ちたいと存じますので、どうぞご遠慮なくご一報をいただきたいと存じます。至急社員を参上させます。
　まずは、取り急ぎ書面にてお見舞い申し上げます。
                                                    草々
```

見舞状の注意点

　病気や事故や災害などを見舞うために書く文書である。
　気をつけなければならない点は、前文を省略して、すぐに本文に入ること。自然災害の場合は、先方の役に立つことがあれば、遠慮なく申し出て欲しい旨を必ず加え、協力する。病気や事故については、相手の立場を考えて、内容の深入りは避ける。

④　悔やみ状の注意点
　　先方の不幸を知ったら弔問(ちょうもん)に出向くのが礼儀であるが、都合によって行けない場合に書く文書である。悔やみ状の注意点は、下記のとおりである。

- 不幸を知ったら、事実であるかどうかを確認し、なるべく早く出す。
- 頭語、前文は書かないのが礼儀である。いきなり本文に入る。結語も省略してよい。
- 忌(い)みことばを使用しない。
  【忌みことば】
  　また、またまた、かつまた、再び、再三、重ねる、重ね重ね、追って、返す返すも、浮かばれない、迷う　等
- 丁寧な文字で、手書きで丁重に書く。
- 美辞麗句で飾らず、率直な悲しみの気持ちを伝える。
- 故人の生前の功績をたたえる言葉か、生前お世話になった旨を必ず入れる。
- 他の用件があっても、ついでに書かない。
- 便箋は、白地の落ち着いたものを使用する。
- できるだけ、うす墨で書くようにする。

※文例は、p.141を参考のこと。

＝参考＝

社交文書で使われる手紙文のことば例

話しことば	手紙文のことば
聞くところによると	承れば、承りますれば
～とのこと	～の由、～の趣
社員全員	社員一同、社員各位、（社員ご一同）
～するよう	～なさいますよう
略式ですが	略儀ながら
お手紙で	書中をもって、書中にて
任務についた	就任いたしました、着任いたしました
わずかばかりの力だが	微力ながら、微力を尽くして
大きなミスもなく	大過なく
皆さん	皆さま、皆様
うちの会社（店）	当社、弊社（当店、弊店、当行、当校）、本学
そちらの会社・銀行・店	御社・貴社（御行・御校・貴店・御店）
日ごろ・普段から	平素は
たくさんの	多大の
最後ですが	末筆ですが、末筆ながら、 ～ではございますが
お礼と案内をいいます	御礼かたがたご案内を申し上げます。
納めてください	ご笑納ください、ご受納賜りますよう、 お納めいただきたく
全力を尽くすつもりです	全力を尽くす所存でございます
確かに読みました	正に拝見いたしました
ますます発展するよう	ますます発展なさいますよう、 ますますのご発展を
センターに言いつけてください	センターにお申し付けください
つまらない品ですが	粗品
今度の1日から	来る1日から
と思いますので	と存じますので
すぐれた手腕と	卓越したご手腕と
常務をしていたときから	常務在職中から
お祝いの言葉を言いたい	ご祝辞を申し上げたく、ご祝詞を～

話しことば	手紙文のことば
十分に発揮して	遺憾なく発揮され
今の時期・このごろ	時下
幸せに思う	幸甚に存じます、幸いに存じます
忙しいところを	ご多忙のところ、ご多忙の折から
集まってください	ご参集ください、お集まりください
差し障りをやりくりして	万障お繰り合わせの上
すぐに	早々に、早速に
丁寧なお祝いの言葉	丁寧なご祝詞を、ご祝辞
できたこと	かないましたこと
一生懸命、仕事に励むつもりです	鋭意業務に精励いたす所存でございます（一意専心）
今後とも指導や励ましを願いたい	今後ともご指導、ご鞭撻をお願い（賜りますよう）
来てくれてほんとにありがとう	ご来場いただき、誠にありがとうございます
心からお礼を言います	心より御礼申し上げます。
日ごろがんばった結果と	平素のご精進のたまものと
これもまったく	これも、ひとえに
よそごとですから、気にかけないでください	他事ながら、ご休心ください
どうぞお体を大切になさってください	ご自愛ください
会ってから・お目にかかって	おめもじの上、お目にかかって
そちらの希望に添えない	そちらのご希望に添いかねます
努力する考えである	努力する所存でございます
納得がいかない	納得いたしかねます
会えない	お目にかかれない
とのこと（第三者のことを言うとき）	お目にかかれないとのことでございます
どうもすみません	誠に申し訳なくお詫びの言葉もございません
言われた日までに届けます	お申し越しの期日までに、お届けいたします
近いうちに行きます	近日中に参上いたします

【問題９】下記のメモを元に礼状を書きなさい。

1) 前文は、今の季節で出す。
2) 先日の企業研究会では、有意義な話を聞いて大変参考になった。
3) 厚く御礼申し上げる。
4) ぜひ御社を受験したいと思っている。
5) よろしくお願い申し上げたい。
6) 取り急ぎ礼を申し上げる。

ヒント：① 敬語表現にする。
② 前文・主文・末文の形式を守る。
③ 手紙文を参考に自由に書き加えてよい。

《解答欄》

【問題10】下記の内容で祝い状を書きなさい。

1) このたび総括本部長に栄転した。
2) これもひとえにあなたの日ごろの成果と考える。
3) 心よりお祝い申し上げる。
4) 一層自愛の上、活躍を祈る。
5) 別便で、粗品を送ったので受け取ってほしい。
6) 取り急ぎ栄転の祝いを言う。

ヒント：① 敬語表現にする。
② 前文・主文・末文の形式を守る。
③ 手紙文を参考に自由に書き加えてよい。

《解答欄》

6. 社内文書の書き方

　社内文書は、社内での指示・命令・報告・連絡などを文書で行うもので、社員に読ませる文書のことである。従って、簡略・省略化してよい部分は、省くことになる。文書の内容は、正確にわかりやすく、かつ手早く作成し、しかも読み手にも理解されるものでなければならない。

　また、Eメールの活用も伝達手段として多い。

(1) 社内文書

　① 儀礼的要素にこだわらないが、一定の形式は守る。
- 受取人　→　役職名のみで、個人名は基本的には省略
- 挨拶文　→　「拝啓」「敬具」や「いつもお世話になっています」などの挨拶は省略
- 本　文　→　敬語や丁寧語は、必要最小限にとどめる。

　② 様式化により、できるだけ帳票化をはかる。
　　できるだけ社内同一の用紙に様式化し、能率的に処理する。

　③ 社内文書の機能と重要性を認識する。
　　文書の持つ特性を認識する。
- 言い誤り、聞き誤りがない。　→　正確である。
- 多数の人に同じ内容の事柄を伝達できる。　→　大量・安定性
- そのまま保存できる。　→　記録性

④　正確に、分かりやすく効率化をはかる。

　　読む人に誤解を与えないように正確に書く。箇条書きや定型化によって能率性を高める。このことは作成時間の短縮、労力の節約を図り、ひいては経費の節減に結びつくことになる。

⑤　機密文書の取扱いについて

　　社内文書の場合、すべてが機密文書といっても過言ではない。

　　特に、機密を保つ必要のある文書は、その程度によって次の3種に分けているのが一般的である。

- 極秘文書　→　宛先に書いた人、または社内規定で特に指定されている人以外に対して秘扱いをする文書。
- 秘文書　→　職務上、その文書を取扱い関係部課以外に対して秘扱いをする文書。
- 社外秘文書→　社外に対して秘扱いする文書。

　　いずれも、社内においても取り扱いに注意が必要である。

(2) 社内文書のスタイル

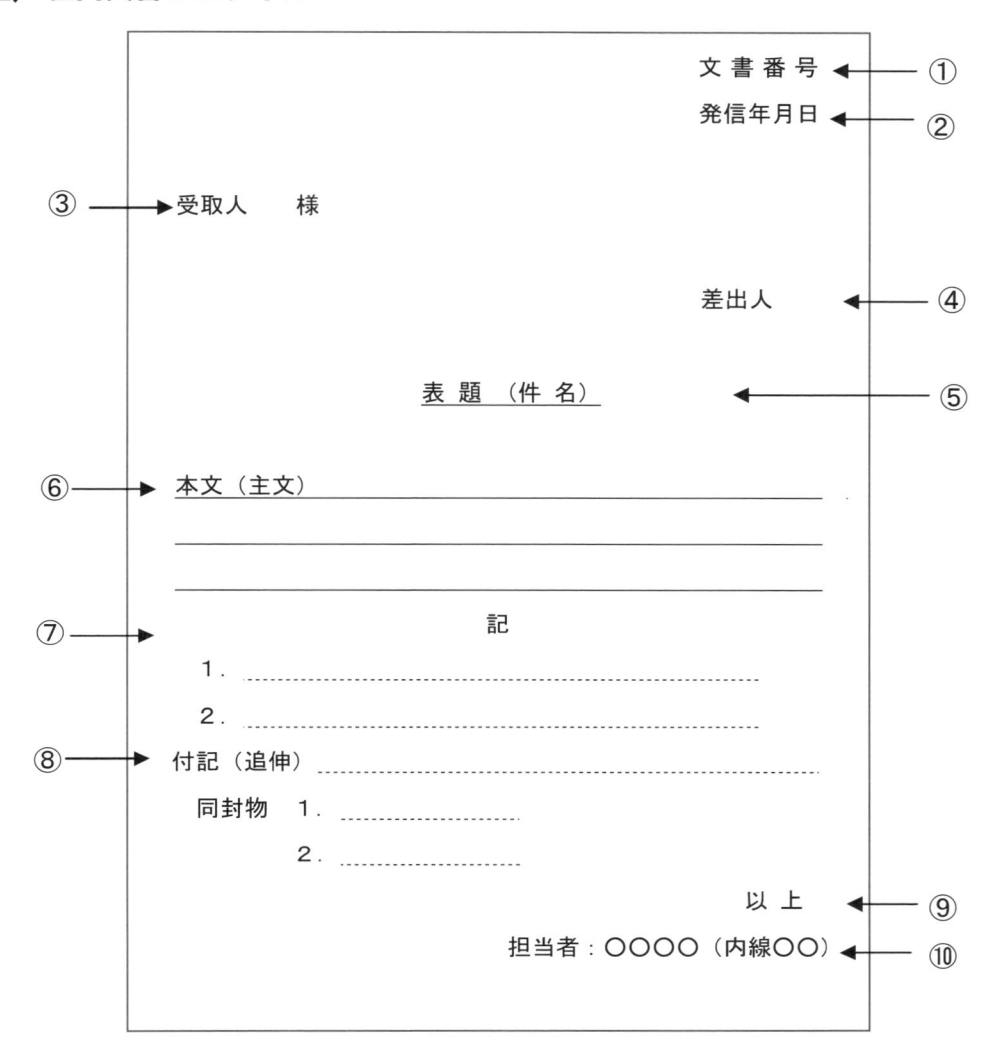

```
                                      文 書 番 号  ←── ①
                                      発信年月日  ←── ②

③ ──→ 受取人    様


                                      差出人     ←── ④


                        表 題 （件 名）          ←── ⑤


⑥ ──→ 本文（主文）_____
       _____
       _____

⑦ ──→              記
         1. ─────────────────
         2. ─────────────────

⑧ ──→ 付記（追伸）──────────────
         同封物  1. ──────────
                2. ──────────

                                      以 上    ←── ⑨
                                担当者：○○○○（内線○○） ←── ⑩
```

① **文書番号**
- ● その年度の初めから最後までの一連の続き番号を記入する。

  例：総庶発第０００１号
          ↑
       総務部庶務課から発信した第０００１号の書類

- ● 横書きの場合、ファイルの中から捜しやすい位置に書く必要があるので、右上に書くのが最もよい位置である。
- ● 文書番号は、アラビア数字を用いる。

② 発信年月日
- この書類を発信する年月日を記入する。
  ※書類を書いた日ではないので注意する。
- 文書番号とともに索引によく用いられるので、その下に揃えて記入するのがよい。
- 西暦を使うか、日本の元号を使うかは、その会社などの慣例に従うこと。

③ 受取人（受信人・宛名）
- 社内文書は、外部へ出す文書とは性格が違うので、受取人は役職名のみとし、一般的には個人名は付けない。
    例：総務部長
- 依頼書や照会文書などでは「〇〇部長　△△殿」と氏名を記入する場合もある。また、部課宛ての場合は、「〇〇課　御中」を用いることもある。

④ 差出人（発信人）
- 差出人も受取人と同じく、役職名のみとする。
- 特に重要な文書は例外として、「〇〇課　△△」と氏名を書き、職印や認め印を捺印することがある。

⑤ 表題（件名）
- 本文の前に中央に位置するように書く。
- 美辞麗句は不要で、たとえば「〇〇の件（連絡）」「△△について（案内）」など、表題だけでその文書の内容、概要が判断できる書き方をすること。
- どうしても長くなる場合でも、本文1行の半分くらいの長さにとどめるようにしたい。

⑥ 本文
- 最初から用件を書くこと。
 （社内文書では、「拝啓」などの挨拶文は省略）
　　　例：首題の件につき…
- 「です・ます体」（敬体）を使用し、用件を的確、簡潔に要領よく表現すること。
- ５Ｗ３Ｈを念頭にまとめること。

⑦ 記書き
- 本文（主文）の内容が何点もある場合は、「下記のとおり」等を入れ、主文が終わったら中央に「記」として、番号を付けて必ず箇条書きにして整理すること。

⑧ 付記
- 特に注意を喚起する事項や、本文から書き漏れた事項を記入する。
- 同封物
文書と一緒に同封するものがあるとき。

⑨ 以上
- 文書全体が終了したことを示すもので、「記書き」「記事項」の最終行または次行へ入れる。
- 「以上」の位置は、「記書き」が終わった同行の右寄せか、または次行の右寄せとする決まりである。
- 「以上」の後は、担当者名だけを入れる。

⑩ 担当者
- 差出人は、その文書の責任者や担当者の上司の氏名を書くが、ここには文書の内容についての実務担当者名を入れる。
- また、連絡・問合せ等を予想し、電話番号や内線番号も入れる。

(3) 社内文書例
① 通達文

通達文とは、上から下へ命令・指示する文書である。

特に通達文は、社長名または役職者名で、社内全般を対象として通達するもので、業務取扱い上の重要な事項を通達する事項が内容とされ、それはまた社内規程となることもある。

通達文【文例】 （以下【文例】は前付を省略してあるものもある）

<u>経費節減対策の推進について（通達）</u>

標記については、去る〇月の役員会で決定をみたとおり、その本格的な推進を図るため下記により実施要領を定めたので、今後はこれにより各部ごとに強力に推進願います。

記

1. 経費節減対策実施要領
2. 推進委員会の設置

以　上

※標記＝表題、題名を指す。

② 指示文

　本社から支社や営業所、工場など、組織の上部から下部へ、業務上の指示、勧告、要望などをする文書が指示文書である。

指示文【文例】

△△商品の積極販売について（指示）

　標記については、来る〇月を△△商品の特別販売推進月間として積極的に販売することにしたので、下記要領により販売目標の達成に尽力願います。

記

1. 営業店別キャンペーンの展開

　　（以下略）

以　上

③　通知文
　　本社と支店・営業所間、社内間で、また社員への通知、さらには定期的に開催される会合の通知として使われる。

通知文【文例】

```
                                              20〇〇年5月2日
部　長　各　位
                                    企　画　部　長　㊞

                       部長会開催（通知）


　5月の部長会を下記のとおり開きますので、ご参集ください。


                           記


    1. 日　　時　　20〇〇年5月16日（金）　13：30～15：00
    2. 場　　所　　6階A室
    3. 議　　題　　A・B議案について
    4. 資　　料　　前回配布案を持参のこと。
                                           以　　上
```

※文書内の年号は統一すること

④ 照会文

照会文とは、ある状態や事実について問い合わせる内容のものである。

照会文【文例】

コピー機の使用状況について（照会）

　先般、コピー機増設の上申がありましたが、最近の使用状況を、下記により回答願います。

記

1. コピー機別最近3カ月間のコピー枚数
2. 最近3カ月の故障発生件数
3. 原稿1枚当たりのコピー枚数
4. 使用料金内訳

以　上

⑤ 回答文
　回答文は、照会や稟議(伺い書)に対する回答の文書である。

回答文【文例】

△△の在庫について（回答）

標記について、下記のとおり回答いたします。

記

1. △△在庫数

Aタイプ	35カートン
Bタイプ	22カートン
Cタイプ	8カートン
Dタイプ	6カートン

2. 納品予定日
　　Cタイプ以外は、令和〇〇年3月1日
　　Cタイプはすでに納品済み。

以　上

⑥ 依頼文

　依頼文とは、特定の事項について文字どおり依頼する文書である。通達や指示文書のように権限によって強制するものではない。また、単に相手からの回答を求める照会文でもない。
　たとえ社内であっても、あくまで相手の好意に訴える姿勢で、誠意をもってお願いする態度が大切である。

依頼文【文例】

セミナールームの借用について（依頼）

　このたび本社で開催する「消費者参加セミナー」の会場として、〇〇市のセミナールームを借用したいので、よろしくお願いします。

記

　　1. 日　　時　　　令和〇〇年〇月〇日（日）
　　　　　　　　　　午前〇時～午後〇時
　　2. 使用場所　　　セミナールーム
　　3. 付帯設備　　　マイクロホンなど放送設備一式

以　上

【問題11】次の内容で社内の案内文を作成しなさい。

1) 受取人：ＩＴ委員
2) 差出人：ＩＴ委員長
3) 第２回ＩＴ委員会を開催する案内文を書く。
4) 日時：令和〇〇年１０月２２日（〇）　13時～15時
5) 場所：第３会議室
6) 配布済み資料を持参すること。
7) 担当者は総務課のあなたの名前で、内線は123番

《案内文》

【問題12】次の内容で社内の通知文を作成しなさい。

1) 受取人：課長全員
2) 差出人：人事部長
3) 「ＡＢＣの今後について」という議題で、ＡＢＣ連絡会を開催する通知文を書く。
4) 日時：令和〇〇年３月５日（〇）　15時～17時
5) 場所：第６－１会議室

《通知文》

⑦ 報告書

　報告書は、部門経営の意思決定に欠かすことのできない仕事の遂行上の情報を把握するための、重要な情報源なのである。

ア．定期的な報告書

　定期的な報告書は、提出すべきサイクルで分類される。

- 日報……日々の仕事の内容・行動を報告する文書
- 週報……１週間単位で提出する文書
- 月報……１カ月ごとにまとめて作成し、報告する文書
- 年報……１年間の仕事の内容・行動を報告する文書

イ．不定期的な報告書

　不定期的な報告書とは、報告の必要性が生じた時に作成・提出するもので次のようなものがある。

- 出張参加報告書
  （研修会、セミナーなどに参加したときなどに提出する）
- 調査報告書（マーケットリサーチなど特命のもの）
- 開発報告書（特命を受けた研究・開発プロジェクトについて）

　この内、最もポピュラーなものは出張報告書で、ほとんどの企業ではフォーマット化されている。
　いずれにしても、必要な仕事が終わったら、記憶の薄れないうちに速やかに作成し、提出しなければならない。
　長期にわたるケースでは、中間報告を心掛けるようにしたい。

ウ．報告書作成の基本
- ● 誰に報告をするのか。
    報告書の作成では、誰に提出し、誰が読むのかを第一に考えなければならない。
- ● タイミングを外さない。
    報告書には、必ずに提出期限があることを忘れてはならない。
- ● 客観的事実と所感（感想、推測）
    報告書で一番大切なことはこの「客観的事実」である。
    データ、特に「数字」の導入、詳細な分析により、「事実」を作成しなければならない。
 ・報告者の感想や推測は、事実の報告と区別して報告する。
 ・データを提示した場合、そのデータで状況を客観的かつ展望を加えて解説する努力が必要といえる。

報告書【文例】

20〇〇年〇月〇日

教育研修室長　殿

営業第1課　小村　洋次郎　㊞

<u>中間管理職向キャリアアップセミナー受講報告書</u>

標記セミナーを受講しましたので、規定により下記のとおり報告します。

記

1．セミナー名　　中間管理職向キャリアアップセミナー
2．主　　催　　マネジメントカレッジ
3．日　　時　　20〇〇年〇月〇日（〇）～〇日（〇）午前10時～午後4時
4．会　　場　　農工産業会館4階　会議室
5．講　　師　　マネジメントカレッジ　野川講師
6．参加者　　約40名
7．内　　容　　(1)賢い管理者とは
　　　　　　　(2)賢い管理者になるための手法
　　　　　　　(3)自己管理術
8．所　　感　　管理者として、会社から求められているものと部下の希望が相反するとき、真の管理者はどう対処すべきかについて、実例を交えた説明と演習により、これまでの自分に何が不足していたかを思い知らされた。実践に即したセミナー内容は、今後の実務に必ずや反映できるものと確信する。

以　上

書き方のポイント

- 箇条書きを活用し、要点が一目で分かるように書く。
- 所感の欄は、セミナーを参加者がどう捉えているかが上司（会社）にとっては一番気になる点であるから、事実と推測を客観的に述べるよう心掛ける。

【問題13】次のメモを元に報告書を自由に作成しなさい。

```
1)  本日付で課長宛て
2)  第5回パソコン実践セミナー
3)  日時　令和○○年10月28日、29日 2日間14：00～17：00
4)  場所　メディアセンター
5)  定員　30名
6)  受講報告を書く。
    内容：受講し能力のアップを図った。
    所感：今後の事務能率向上に役立つと実感した。
```

《報告書》

【問題14】次のメモを元に案内文を作成しなさい。

1) 本日付
2) ＱＣ実行委員あて
3) ＱＣ実行委員長名で
4) ○月月例委員会
5) ○月30日（木）14：00～15：30
6) 場所は5階会議室
7) 資料は当日配布

《案内文》

第4章　一般の文書

　日常生活の中で、手紙やハガキを書く機会が少なくなってきている。情報通信技術の発達による伝達方法の変化であろう。
　だが、電子メールの伝達方法は優れてはいるが、その中で用いられる文章や文書は、この手紙文が基本になっていることに注目したい。
　一方、改まったとき、儀礼的なもの、また就職活動での礼状などは、手紙で手書きで書くことが多い。
　この章では、社会人として社会生活の中で用いられる手紙・ハガキ等の基礎的知識を学んでいくことにしよう。

1. 手紙を書くときの準備

　手紙を書きやすくするためには、レターグッズや住所録は一つのケースに入れておくとよい。

① **切手を用意しておく。**
　ハガキ用63円、手紙用84円を各10枚くらいずつ用意しておく。
　（令和4年2月現在）

② **すぐ書けるように、レターグッズはまとめておく。**
　目上の人には白地の便箋、ケイ線はあってもなくてもよい。

③ **コンパクトサイズの国語辞典をすぐそばに用意。**
　あやふやなことばはすぐ引いて確かめる。

④ **改まったものはボールペンでは書かない。**
　黒かブルーの落ち着いたインクの万年筆か、サインペンなど文字が美しく見えるものを普段から用意しておくとよい。

⑤ **返事の必要なものは、目につきやすいところへ出しておく。**
　礼状は、一週間以内に書く。万一遅れても書くこと。

⑥ **アドレス帳は見やすい場所に置く。**
　引越し通知が来たらすぐ訂正しておく。宛て名、郵便番号も正確に。

⑦ **封筒は、中の文字が透けて見えるものは避ける方が賢明。**

2．縦書き文の基本構成

► 改まった手紙では、手書きで縦書きに書くことがある。
► 縦書きでは、前文から始め、後付けがくるのが一般的だが、日付、受取人、差出人が前に来る書き方（前付け）もある。

（▨は1字分空白）

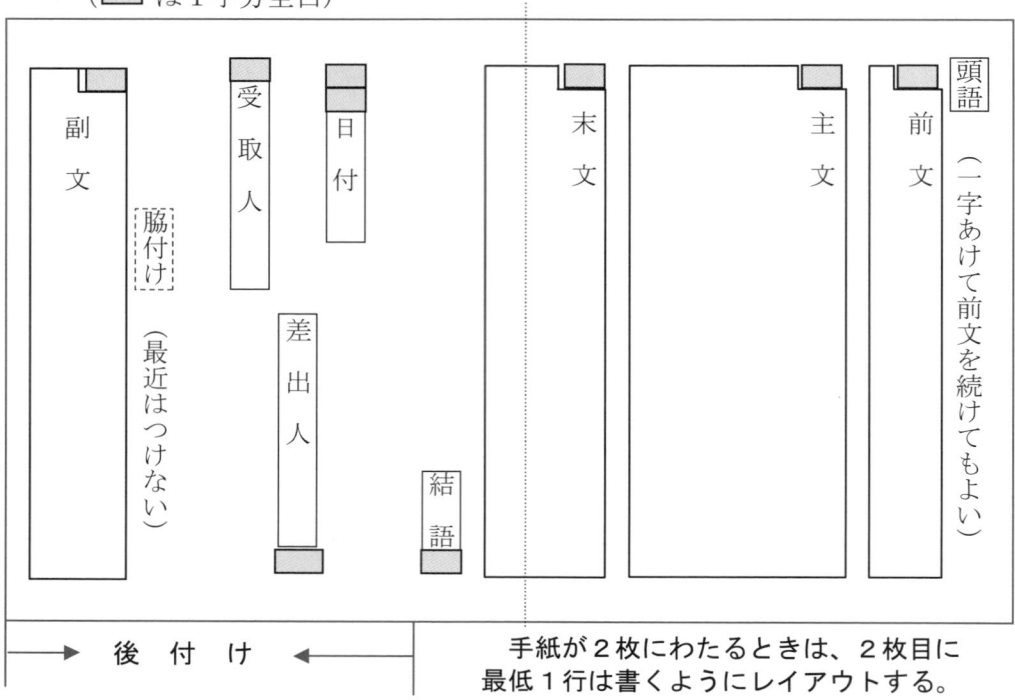

[図：縦書き手紙のレイアウト]
- 頭語（一字あけて前文を続けてもよい）
- 前文
- 主文
- 末文
- 結語
- 日付
- 受取人
- 差出人
- 脇付け（最近はつけない）
- 副文

後付け

手紙が2枚にわたるときは、2枚目に最低1行は書くようにレイアウトする。

頭語	前文					主文		末文		結語	後付け（前付け）			添え文
	時候の挨拶	先方の安否	当方の安否	お礼	ごぶさたの詫び	起語	本文	終わりの挨拶	別れの挨拶	結びのことば	日付	差出人	受取人	脇付け	副文
書き出しのことば															
拝啓・謹啓	初夏の候・・・（季節折々の挨拶を）	皆様お変わりなく	・・・。お陰様で当方も（無事でないときは省略）	いつもひとかたならぬ（お礼が目的のときは本文で）	心にもなくごぶさた致しまして（お詫びが目的のときは本文で）	さて、（ところで、）	手紙を書いた直接の目的を書く	まずは取り急ぎ・・・（主文の内容の要約）	末筆ながら皆様の・・・	敬具	令和〇〇年〇月〇日	山田和夫	鈴木花子様	みもとに（最近はつけない）	二伸なお、別便にて・・・（追伸、PSとも書く）

3．改まった手紙文を書くときの注意点

① **下書きをする。誤字・脱字のチェックを忘れずに。**

② **字配りをする。**
社名等の固有名詞や、熟語は、2行に割れないように書き方を工夫する。

③ **手書きのときは、句読点を目安に行をかえるとよい。**
「です」「ます」だけ次行にならないよう、行末へ小さく添え字にして書いてもよい。

④ **行末に書かないことば**
「あなた様」などの相手を指すことばや、「御」「尊」「貴」のつくことばは行末に書かない工夫をする。行末が少しあいても、次行の行頭に書くのが礼儀である。
　　　　（御社、貴社、御尊父様など）

⑤ **行頭に書かないことば**
自分（私）や自分の身内の名前や呼称は、行頭に書かない。どうしても書くときは、右に寄せて小さめに書く。
　　　　（私、小生、父、母　など）

⑥ **「て・に・を・は・が・の」の助詞だけ行頭に来ないようにする。**
助詞は原則として前字につく　⇒　私は、　先生に、　貴社の

⑦ **訂正に修正液は使わない。**
必ず書き直す。先方へ届くのはこれだけ。それで評価が決まる。

⑧ **ボールペンで書かない。**
黒か青インク（落ち着いたもの）の万年筆、水性の細ペン（黒）など、自分の字がきれいに見える用具を普段から心掛けて用意しておく。

⑨ **便箋はできるだけ2枚以上になるように書く。**
2枚目に後付けだけがこないように全体のレイアウトを考えて書く。1枚だけで終わっても2枚にして出す必要はない。

⑩ **悔やみ状は、主文から書き出す。**
見舞い状は、前略から書き出すとよい。

4．便箋の書き方

改まった手紙文は縦書きで自筆で書くのが礼儀であるが、社用などは横書きも多い。

便箋は、縦、横書きがある。横書き便箋は社交文書と同じように書くとよい。

（1） 縦書き便箋の書き方

① 形式を守って書く（後付けまで手紙文である）。
② 下手でも丁寧に書く。
③ 下敷きを用いて、上部を揃え、下部は多少不揃いでもよい。
④ 2枚になるときは、2枚目にも文を入れる。

　　日付、名前だけが2枚目にならないように配慮して、ゆったり便箋を使う。
後付けまで入れるときは、1枚で終わってもよい。

（2） 縦書き便箋の基本

※　第4章　2．縦書き文の基本構成　参照

お礼状【文例】

```
                                            令和〇〇年〇月〇日
  株式会社　白鳥
    人事課　田中　芳雄　様
                                        星山短期大学
                                          笹　本　く　み

拝啓　貴社ますますご隆盛のこととお喜び申し上げます。
　さて、先般貴社訪問の節は、ご多用中にも関わらず、ご説明をいただき誠
にありがとうございました。
　お陰さまで、貴重なお話を拝聴させていただき、誠に有意義な機会を得、
感謝の念にたえません。
　今後とも一層の努力をいたしますので、どうぞよろしくお願いいたします。
　まずは、書面にて御礼申し上げます。
                                            敬　具
```

第4章　一般の文書

【問題１】前ページの礼状を本日付で縦書きにして、自分名で書き直しなさい。
　　　　（宛て名、差出人は後付けで書くこと）

《お礼状》

【問題２】希望する会社から書類を送付してもらったことに対しての礼状を下の便箋用紙に縦書きで書きなさい。

5．ハガキの書き方

　ハガキは、簡単な近況や旅先から絵ハガキなどで用いられ、誰に見られてもよいと心得るべきである。従って、改まった用件や先方が迷惑するようなことは書かないものである。

（1）ハガキの書き方の基本

- ▶ 一般に改まった場合は縦書きにする。
- ▶ 親しい人宛ては、横書きでもよいが、高齢の人は読みにくいので注意。
- ▶ 前文・主文・末文の書式を守る。ただし、ハガキの性質上「前略」から書きはじめてもよい。
- ▶ ケイ線がないときは、曲がらないよう注意する。
- ▶ 受取人の宛て名は中央へ敬称をつけて大きく、住所は宛て名より少し小さく書く。

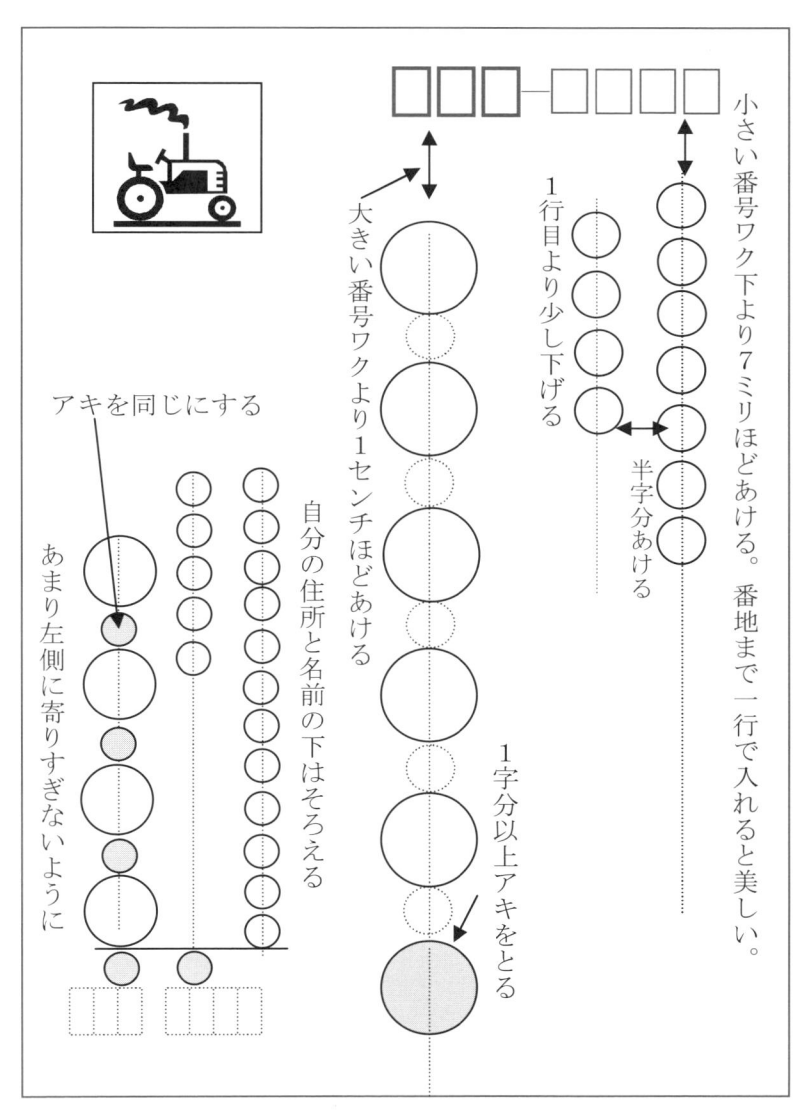

- ▶ 差出人の住所、氏名は、表の切手の下の方へ書くか、文の終わりに入れてもよい。
- ▶ いずれか1カ所でよい。書き忘れないように注意。

（2） 改まったハガキの書き方

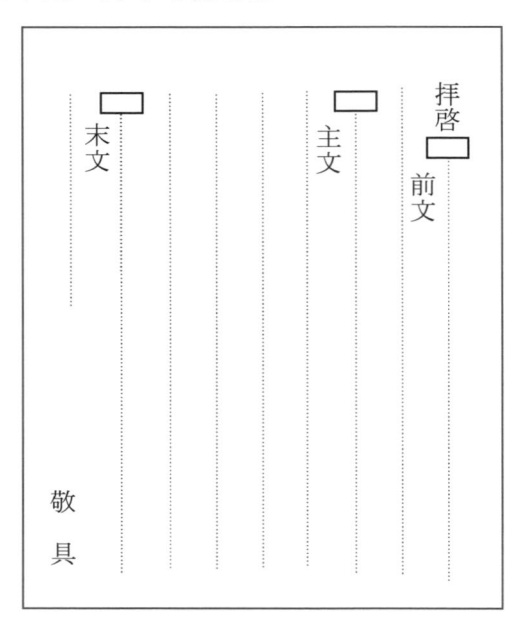

拝啓
前文
主文
末文
敬具

（3） 親しい人宛てのハガキの書き方

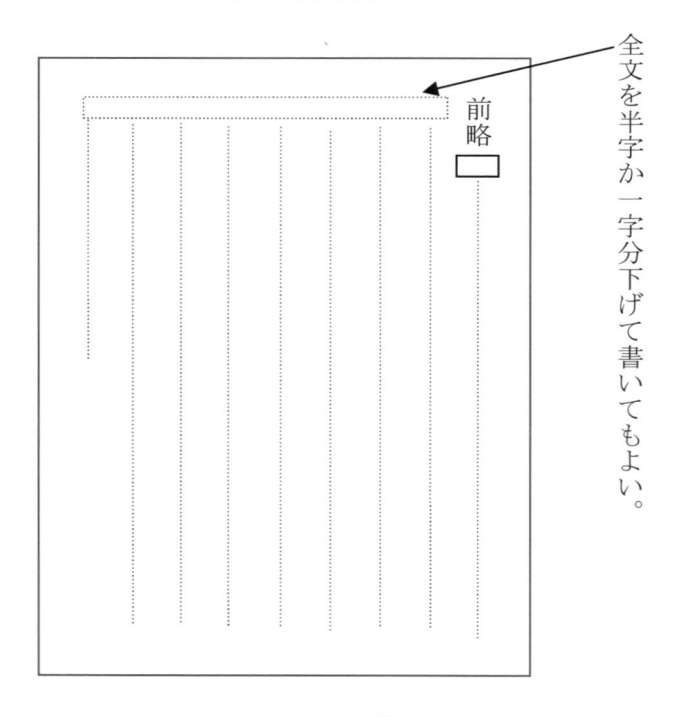

前略

全文を半字か一字分下げて書いてもよい。

（4） 返信用ハガキの書き方

▶ 返信が必要とされる文書は、同封の返信用ハガキを用いて書き、できるだけ早く投函する。

▶ 宛て名「行」を２本線で、縦書きは縦線（╫）で、横書きは横線 ~~行~~ で丁寧に消す。∥ では消さない。

▶ 祝い状の返信では、祝いのことばを１行目に書き加える。

　例：ご結婚おめでとうございます。

　　（欠席の場合もその後へ）

　残念ですが、海外出張中のため

　　（など、理由を簡単に書添える）

【問題３】友人からの結婚式の招待状・出席する・自分の住所・名前を書いて返信しなさい。

（返信用ハガキ／表）　　　　　　　　（返信用ハガキ／裏）

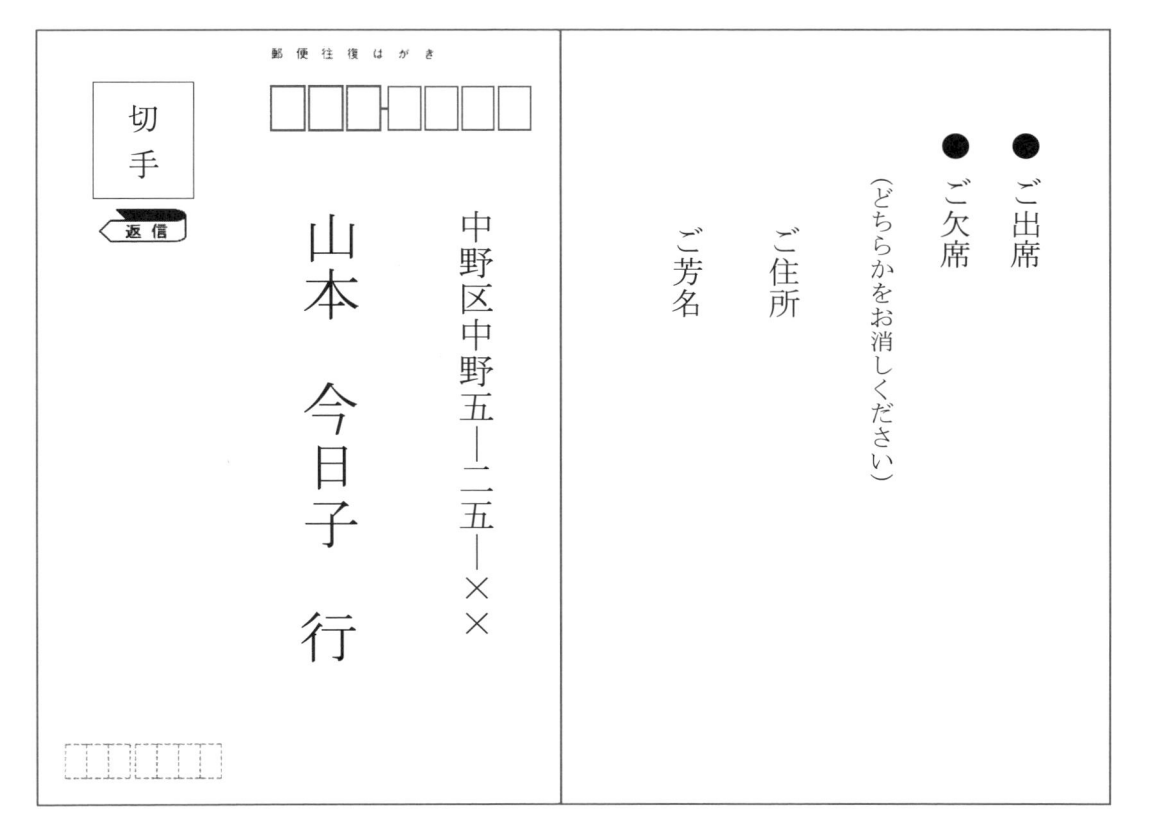

【問題４】90ページ【問題２】の手紙を、ハガキを使って書き直しなさい。

【問題５】次の内容でハガキを書きなさい。

　◇　ハガキ：縦長で縦書き
　1)　受取人：〒101-0001　千代田区大手町一丁目２－３
　　　　　　　　　　千代田物産株式会社
　2)　差出人：自分の住所、氏名を書く。

◇ ハガキ：縦長で横書き
1) 受取人：〒101-0001　千代田区神田一丁目2－4
　　　　　　　　　　　　　山下　三郎（お世話になった先生）
2) 差出人：自分の住所、氏名を書く。

6. 封筒の書き方

- ▶ 封筒は、和封筒（長封筒）と洋封筒と呼ばれる種類がある。
- ▶ 定形郵便物（長さ14cm～23.5cm、幅9～12cmの長方形のものと決められている）
- ▶ 定形外郵便物は、定形以外のものをいう。つまり定形より小さいものや、定形より大きいものをさし、郵便料金が異なる。
- ▶ 社用封筒は、縦書きと横書きがあり、社名と所在地の印刷により書き分ける。

（1） 受取人の書き方

① 受取人の住所・氏名は、受取人だけでなく、郵便配達人にも読みやすく書く。
② 受取人の氏名（会社名、職名など）は、中央に大きく適切な敬称をつけて、封筒全体にバランスよく書く。
③ 次に、右脇を1行分あけて住所を形よく1行に書く。長いときは、切れ目のよいところで2行にする。マンション名は、2行目か3行目に住所より半字分下げて書きはじめる。
④ 郵便番号は、自動読取機で区分されるので、読みやすく楷書で書く。
⑤ 郵便番号を書いたときは、都道府県名を省略できるが、就職活動や届出書類など、また、改まった場合は省略しない。
⑥ 切手は、適切な料金を貼らないと受取人が徴収されたり、差出人へ戻されることがあるので注意。
⑦ 切手は、1枚～3枚位までとし、多くの枚数を貼るのは避けたい。

（2） 差出人の書き方

郵便番号欄の違いにより、次のような書き方がある。

① 標準的な書き方で、封筒の中央の継ぎ目を中心に右側に住所、左側に氏名を書く。間をあけすぎないこと。
② 下に郵便番号欄がある場合、郵便番号欄との間に5mm～1cmの余白をとり、住所、氏名の下が揃うように書くと形よく納まる。左欄の左右をあけると体裁よく見える。
③ 上に郵便番号欄がある場合。左欄下の継ぎ目から1cmくらいの余白をとって、住所、氏名の最後の方が揃うように書く。
　　日付は、年月日を書く。①では左上の余白へ、②、③は右欄の中央へ5cmくらいに納める。

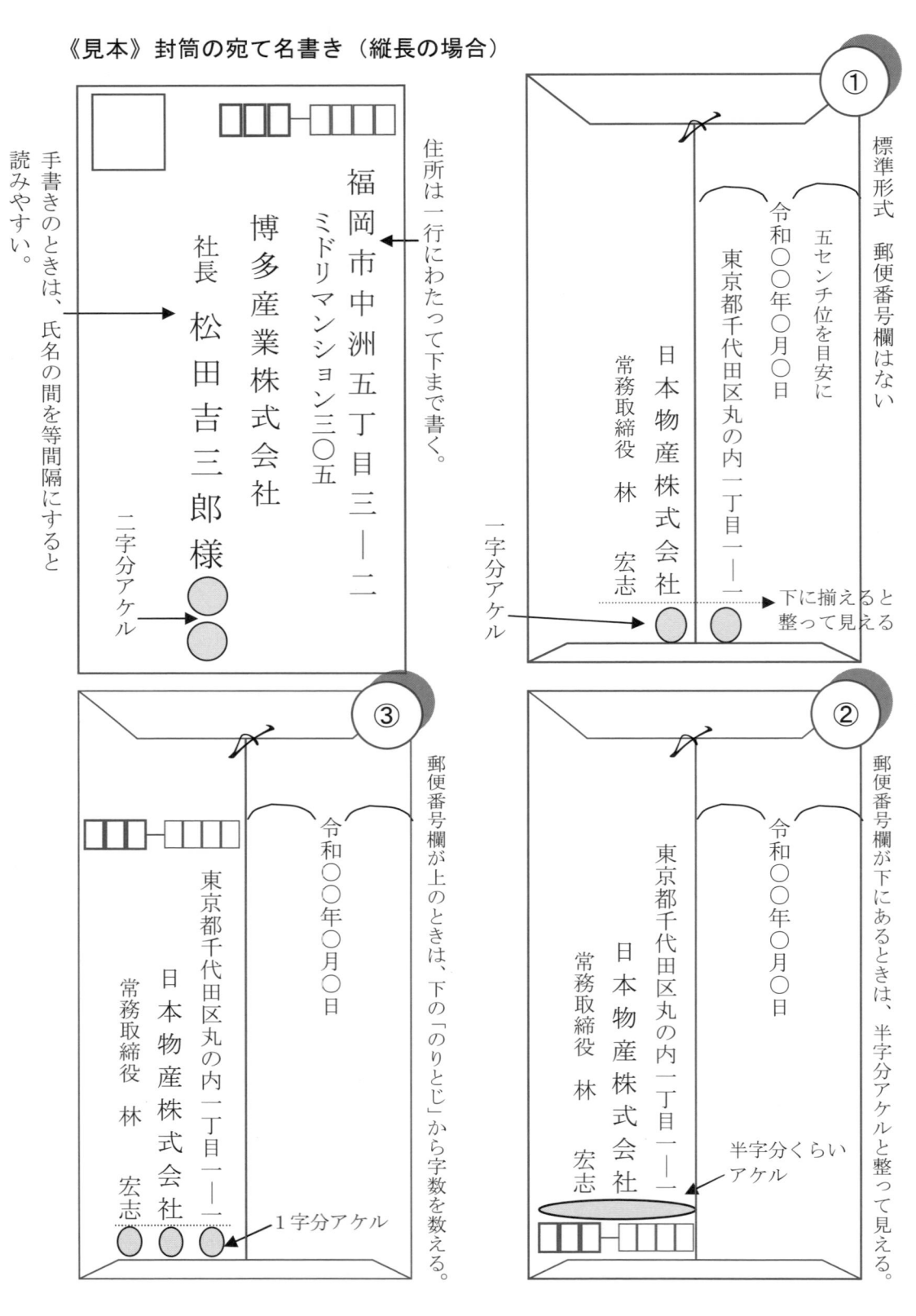

《見本》封筒の宛て名書き(縦長の場合)

① 標準形式 郵便番号欄はない
　東京都千代田区丸の内一丁目一-一
　日本物産株式会社
　常務取締役 林 宏志
　令和〇〇年〇月〇日
　五センチ位を目安に
　一字分アケル
　下に揃えると整って見える

② 郵便番号欄が下にあるときは、半字分アケルと整って見える。
　東京都千代田区丸の内一丁目一-一
　日本物産株式会社
　常務取締役 林 宏志
　令和〇〇年〇月〇日
　半字分くらいアケル

③ 郵便番号欄が上のときは、下の「のりとじ」から字数を数える。
　東京都千代田区丸の内一丁目一-一
　日本物産株式会社
　常務取締役 林 宏志
　令和〇〇年〇月〇日
　1字分アケル

福岡市中洲五丁目三-二
ミドリマンション三〇五
博多産業株式会社
社長 松田吉三郎 様
二字分アケル

住所は一行にわたって下まで書く。

手書きのときは、氏名の間を等間隔にすると読みやすい。

【問題６】次の封筒を縦長に使って、縦書きにしなさい。

1) 受取人：〒100-0002　東京都千代田区丸の内一丁目２－３
   　　　　東京物産株式会社
   　　　　営業部
2) 差出人：自分の住所、氏名を書く。
3) 速達便で出すこと。速達表示をしっかりと書く。

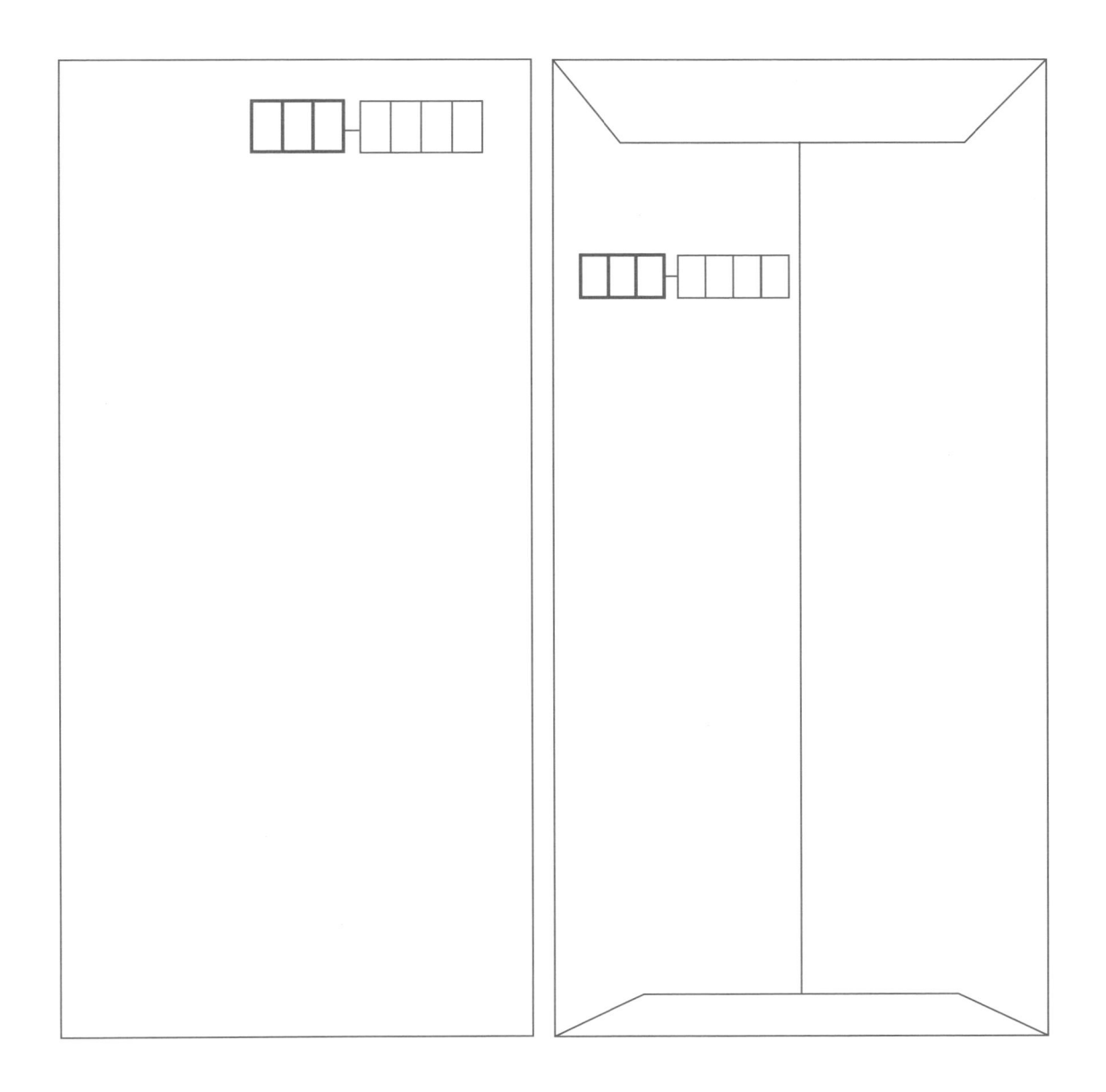

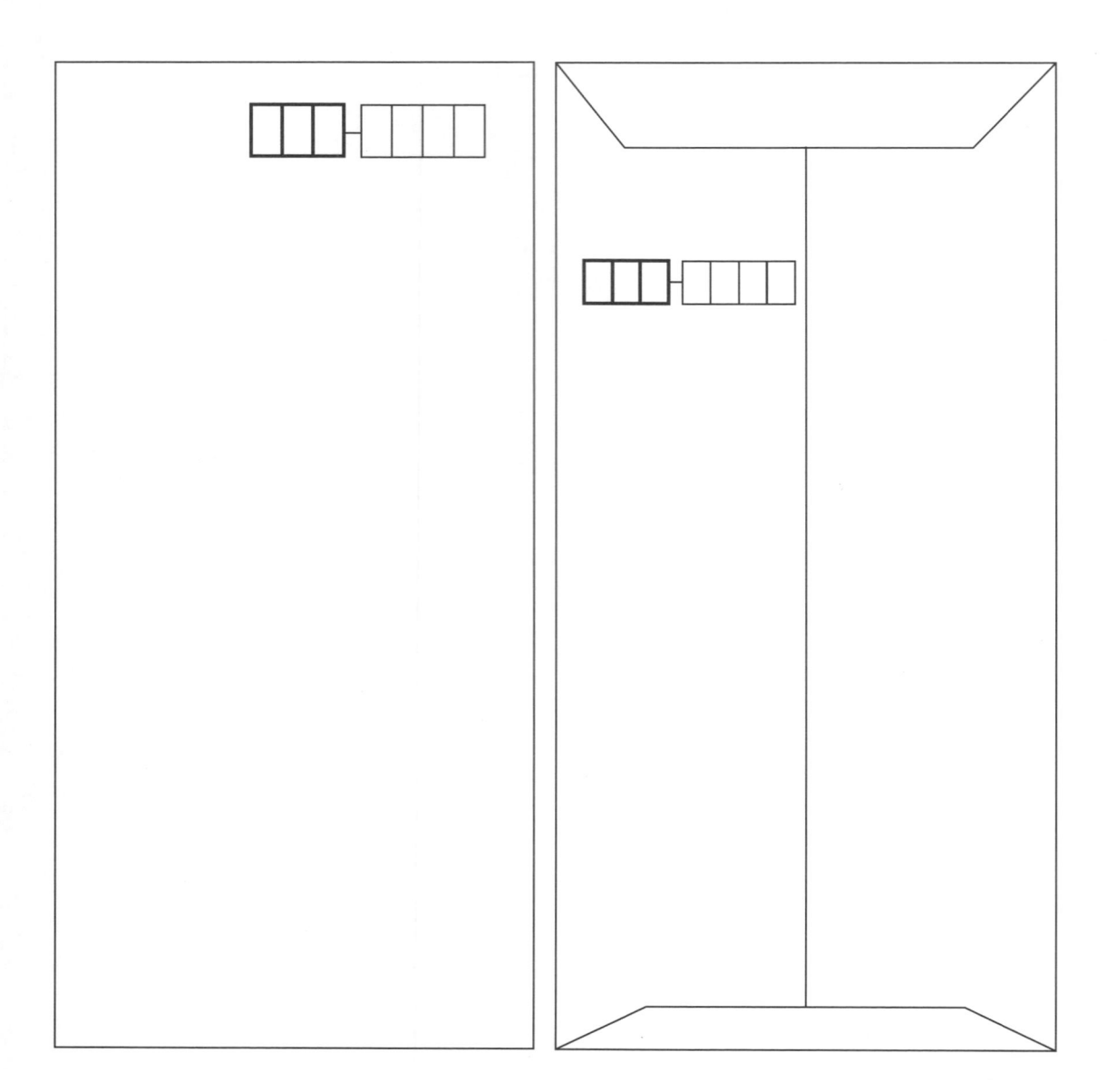

【問題7】封筒を横長に使った場合の書き方と、切手の位置を示しなさい。

1)　受取人：〒101-0001　東京都千代田区神田司町一丁目１５－１
　　　　　　　　　　　　木村　健治・木村　優子

（3） 洋封筒の書き方

表書き

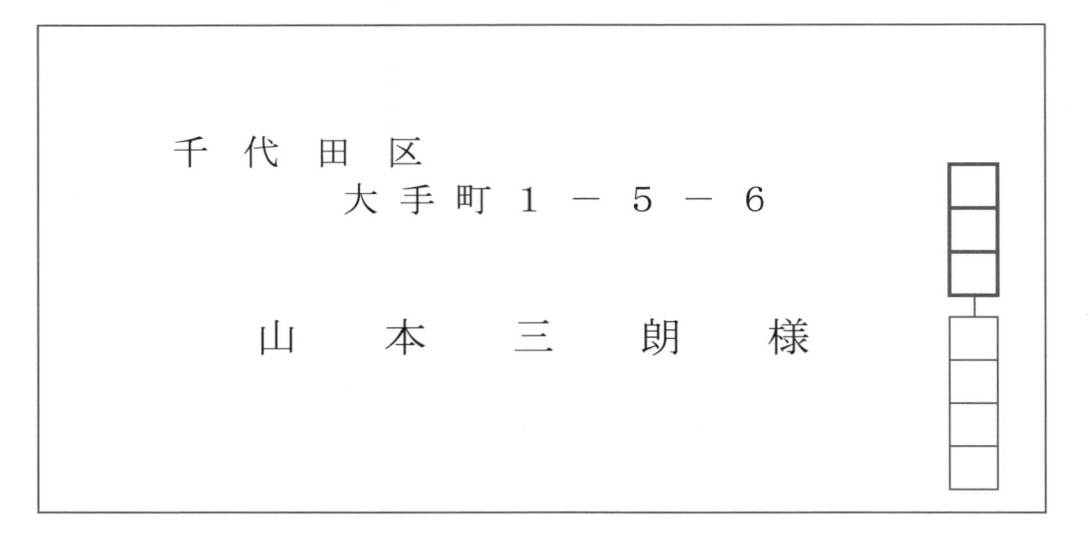

千代田区
　　　大手町1－5－6

山　本　三　朗　様

裏書き

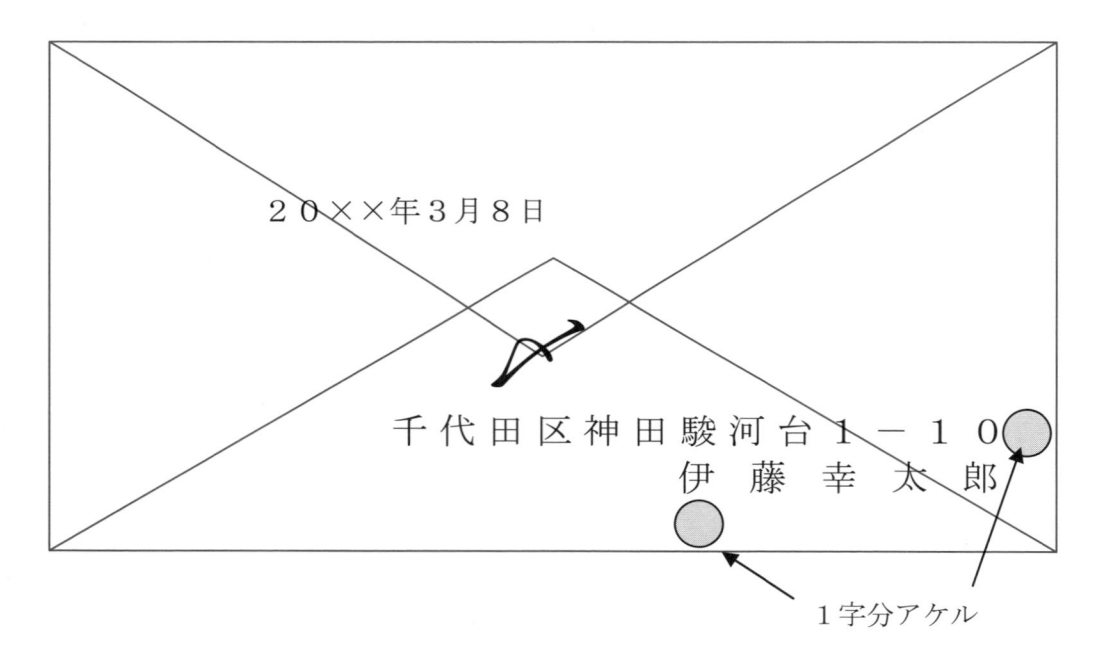

20××年3月8日

千代田区神田駿河台1－10
伊　藤　幸　太　郎

1字分アケル

◇ Air mail：横長で横書き

1) 受取人：自分の住所、氏名を書く。
2) 差出人：650 South Grand Avenue, Suite 1001,
　　　　　　Los Angeles, Calif. 90017, U.S.A.
　　　　　　TOKYU TRAVEL AMERICA INC.

BY AIR MAIL

注：航空郵便は国際郵便の一種で、航空機によって海外へ送る専用の封筒を用いるか、一般の封筒、はがきには「par Avion」「Air Mail」と表記する。

7. 電子メールのマナー

一般のビジネス文書と電子メールの違いを見てみよう。

【一般的な社外文書例】

　　　　　　　　　　　　　　　　　　　　　　　　　令和〇〇年3月吉日

ブルックス販売株式会社
　代表取締役　月星　隼人　様

　　　　　　　　　　　　　　　　　　　　　　　　　フォーシーズン研究所
　　　　　　　　　　　　　　　　　　　　　　　　　　所長　大関　省吾

　　　　　　　　　　　事務所移転について(ご案内)

拝啓　早春の候、ますますご隆盛のこととお喜び申し上げます。平素より格別のご高配を賜り厚く御礼申し上げます。
　さて、このたび弊社下高井戸支店は業務拡大に伴い、下記のとおり新宿に移転し、5月1日より営業を開始することとなりました。
　これを機に、なお一層社業の発展に邁進いたしたく存じますので、今後とも倍旧のご愛顧を賜りますよう、謹んでお願い申し上げます。
　なお、新事務所は、JR新宿駅より徒歩5分です。お近くにお越しの節は、ぜひお立ち寄りいただきたくご案内申し上げます。
　まずは、事務所移転のお知らせまで。　　　　　　　　　　　　　　　敬具

※文例は記書きを省略しています。

この文書をメール文にした形式である。ビジネス文書の形式と、メール文とはどこが違うかを確認しておこう。

```
ブルックス販売株式会社
代表取締役　月星　隼人　様

フォーシーズン研究所の大関省吾でございます。
平素より格別のご高配を賜り厚く御礼申し上げます。

さて、このたび弊社下高井戸支店は業務拡大に伴い、下記のとおり
新宿に移転し、５月１日より営業を開始することとなりました。

これを機に、なお一層社業の発展に邁進いたしたく存じますので、
今後とも倍旧のご愛顧を賜りますよう、謹んでお願い申し上げます。

なお、新事務所は、JR新宿駅より徒歩５分です。
お近くにお越しの節は、ぜひお立ち寄りいただきたくご案内申し上げます。

まずは、事務所移転のお知らせまで。
*******************************************
〒169-0075
新宿区高田馬場1-1-1
　　フォーシーズン研究所　大関　省吾
　　TEL：03-3209-0000
　　E-mail：s-XXXX@4s.co.jp
*******************************************
```

読みやすいメール文

メールは一般文書と違い、長文は読む気がしないので、以下のことに注意する。

1. 短くまとめる
    - 内容は整理して、簡潔かつ丁寧に書くこと。
    - 一段落は３行程度にまとめることが望ましい。
    - 全体の長さも相手が印刷をするということを前提にしてＡ４サイズ１枚に納まる分量、多くても５０行～６０行程度にすること。
    - 紙に書かれた文書と違ってディスプレイの文字は不思議と読みづらく、電子メールを読むときは、短い時間で目をとおすことが多いので、用件や論旨のみはっきりと分かる書き方をすること。
    - 修飾語は極力削り、スッキリした文章にする。

2．あいさつはシンプルに
- あいさつ文も「いつもお世話になっております」という「感謝のあいさつ」は必要だが、その他のあいさつは省略する。
- あいさつのあとに、「○○会社の○○と申します」という自己紹介を忘れずに入れる。

3．用件を先に書く
- メールの内容を一文で簡潔に説明する。
- どんな用件なのかがはっきり相手に分かる書き方をする。

4．箇条書きにする
- 長く、だらだらと続く文章は、何が書いてあるのかを読み取るのに時間もかかるし、なによりも、読みにくい。
- 紙に書かれた分かりやすい文章は、段落が短く、目で見てすぐに内容が分かる箇条書きを併用する。

とにかく、常に相手のことを考えて、分かりやすい表現を心掛けることである。

　メール文だからこそ注意したい点がある。
　同じ相手と頻繁にやり取りすることが多いメールでは、いつも同じ表現ばかりだと登録してある文章をそのまま提示しているようで、誠意が感じられない。
　簡潔な中にも、温かみがあるようなメール文を送ろう。

5．段落間は1行空ける

悪い例：どこが悪いか考えてみよう。

当社にご来社いただく方法は、次のとおりです。最寄り駅は、池袋駅です。当社は親会社のIN電気構内にあります。IN電気の場所は、次のURLをご覧下さい。
http://www.ishinori.co.jp/information/masp/co00x.htm
IN電気の正門を入るとすぐに守衛所がありますので、お手数ですが、ここで入構手続きをお願いします。当社は、IN電気構内A棟1階です。守衛所にてご確認ください。A棟入口内線用電話で山田をお呼び出し下さい。

良い例：

当社にご来社いただく方法は、次のとおりです。
最寄り駅は、池袋駅です。当社は親会社のIN電気構内にあります。
IN電気の場所は、次のURLをご覧下さい。
http://www.XXXXX.co.jp/information/masp/co00x.htm

IN電気の正門を入るとすぐに守衛所がありますので、お手数ですが、
ここで入構手続きをお願いします。

当社は、IN電気構内A棟1階です。守衛所にてご確認ください。
A棟入口内線用電話で山田をお呼び出し下さい。

ご来社をお待ちしております。

6．1行は35文字程度（英字は70字程度＝メールアドレスなど）
   - 相手がどのようなメールプログラムで読んでいるのか分からないので、文字数は35文字程度で改行すること。

7．署名を入れる
   - 社内用と社外用に分け、どこの誰からのメールかはっきり分かるようにする。
   - 住所や電話番号が入っていると、連絡をする際に便利。

8. 相手の立場にたって読み返してみる
    - ➢ 一度送信してしまったメールは取り戻すことは不可能。
    - ➢ 文章だけでは正しいニュアンスが伝わらないことがある。
    - ➢ 誤解を生む表現や冗談は控えること。

9. 返信は必ず早めに行う
    - ➢ メールを送信した人は、相手が読んだかどうか気になるので忙しくても一言返信しておくこと。

10. 敬語表現は適切に
    - ➢ メール文では、必要以上に丁寧な表現はしないこと。

11. 一つのメールには一つの用件
    - ➢ 複数の用件があるときは、メールを分けて送信すること。

メールにファイルを添付する場合

大きなファイルは送信しない。
- ➢ メール受信に長時間を要して、相手に迷惑をかける。
- ➢ マシントラブルの原因にもなる。
- ➢ 大きなファイルは、圧縮して送る。
- ➢ 大きなファイルは、複数に分けて送る。

＊圧縮と解凍（展開）
　データなどのファイル容量を小さくすることを圧縮、元に戻すことを解凍または展開という。

メールの書き方で、思わぬトラブルが生じることもある。たとえば宛て名の確認、文の見直しなど、十分に注意して送信するようにしよう。

〔参考〕 封筒の入れ方（扱い方）
① 便箋を三つ折にするか、四つ折にする。
② いずれも、受取人が見やすいように、開けたときに書き出しがすぐ目に入るように配慮する。
三つ折は、下3分の1を先に、書き出し部分が上になるようにする。
四つ折も、書き出し部分が上になるようにする。
③ 封筒に入れるときも、上下を考えて入れる。
④ 洋封筒では、左右二つ折（四つたたみ）にする。

和封筒を使用するとき

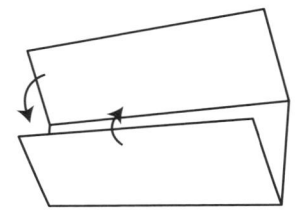

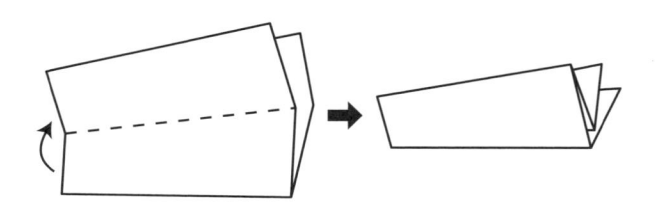

便箋の折り方
●3つ折り
①下3分の1を上に折り、②次に書き出しの部分を上に重ねて折る。③開けたとき、すぐに読めるように。

横書きの手紙を横長の封筒に入れる場合は、手紙の折り目が行と行の間（字を書いていない部分）にくるように折る。行に折り目のラインが重なると読みにくい。

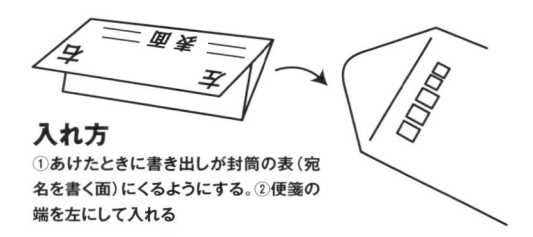

●4つ折り
①上下にふたつ折りにする。②さらにもう一度2つに折る。③便箋の角をきちんと合わせる。

入れ方
①あけたときに書き出しが封筒の表（宛名を書く面）にくるようにする。②便箋の端を左にして入れる

洋封筒を使用するとき

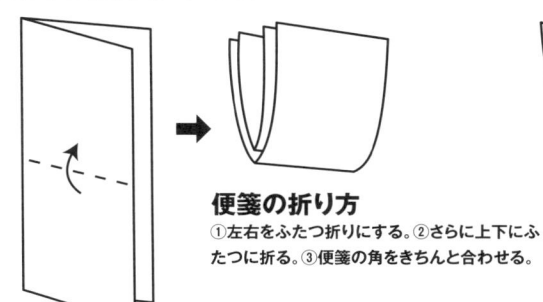

便箋の折り方
①左右をふたつ折りにする。②さらに上下にふたつに折る。③便箋の角をきちんと合わせる。

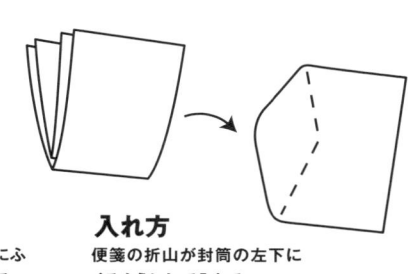

入れ方
便箋の折山が封筒の左下にくるようにして入れる。

第5章　ことばの常識

　敬語とは、自分と自分の周囲、関係する社会生活、人間関係などの中でコミュニケーションを円滑に行い、確かな人間関係を築いていくために不可欠な働きを持つものである。
　　１．敬語は、「**相互尊重**」を基盤とする。
　　２．敬語は、自分の「**自己表現**」となる。
　敬語表現の活用は、日常生活やビジネス社会を円滑にし豊かにするものである。

1．敬語の種類

　相手に敬意を表すことばである敬語は、次の５つの種類に分けることができる。

①尊敬語 （相手や第三者の動作・事柄など）	「いらっしゃる」「おっしゃる」型
②謙譲語Ⅰ（自分の行為・事柄など）	「伺う・申し上げる」型
③謙譲語Ⅱ（丁重語） （自分の行為・事柄など）	「参る・申す」型
④丁寧語（丁寧な表現にする）	「です・ます」型
⑤美化語（ことばを飾る表現にする）	「お酒・お料理」型

　敬語は、相手を思いやる気持ちを表現するものであるから、特に**尊敬語・謙譲語・丁寧語**の３つを身に付けることが大切である。

(1)　尊敬語の型を覚えよう……相手側に使う
　尊敬語は、普通の言い方を次のような型に当てはめて作ることができる。
　①特別な言い方で表現する「言い換え型」（一番敬意が高い）
　　　例）行く……いらっしゃる　　言う……おっしゃる
　　　　　　～　必ず覚えて使おう！　～

　②「お（ご）……になる」「お（ご）……なさる」型（２番目に敬意が高い）
　　　例）行く（来る）……<u>お出でになる</u>　　話す……お話<u>しなさる</u>

③「れる」「られる」をつける（3番目に敬意が高い）
　　例）言う……言われる　　話す……話される　　来る……来られる

尊敬語一覧表

普通の言い方	「言い換え型」	「お（ご）…になる」型 「お（ご）…なさる」型	「れる」型 「られる」型
いる	いらっしゃる	おいでになる	おられる
行く・来る	いらっしゃる	おいでになる	行かれる 来られる
言う	おっしゃる		言われる
書く		お書きになる	書かれる
話す		お話しになる（お話しなさる）	話される

＊注意：「二重敬語」
　敬語を作る場合、2つの型を同時に用いると「二重敬語」になり、間違った使い方になるので使わないこと。
　例）「お受けになる」型と「受けられる」型を一つのことばにして「お受けになられる」という表現は「二重敬語」になるので間違いである。

(2) 謙譲語の型を覚えよう……自分の行為に使う
　謙譲語Ⅰ
　①特別な言い方で表現する「言い換え型」
　　例）行く（来る）……参る、伺う　　言う……申す、申し上げる

～　*必ず覚えて使おう！*　～

　②「お（ご）……する」「お（ご）……いたす」型
　　例）書く……お書きする　　送る……お送りいたす

　謙譲語Ⅱ……相手に何かしてもらうときの謙譲表現
　①「お（ご）……いただく」「お（ご）……願う」型
　　例）読む……お読みいただく　　送る……お送り願う

　②「……いただく」型
　　例）書く……書いていただく　　検討する……検討していただく

よく使われる「言い換え型」による尊敬語・謙譲語一覧表

＊　尊敬語と謙譲語を混ぜて使うことはしないこと。

尊　敬　語 （相手を尊敬する表現で主語は相手）	動　作	謙　譲　語 （自分を謙譲する表現で、主語は自分）
なさる、される	する	いたす
いらっしゃる	いる	おる
いらっしゃる	行く	参る 伺う 参上する
お出でになる	来る	
おっしゃる	言う	申す 申し上げる
お耳に入れる	聞く	承る 伺う 拝聴する
ご覧になる	見る	拝見する
	見せる	ご覧に入れる お目にかける
	会う	お目にかかる 拝顔する
賜る（たまわる） くださる	与える	差し上げる
	もらう	いただく 頂戴する
召し上がる	食べる	いただく 頂戴する
思し召す（おぼしめす）	思う	存ずる
お気に召す	気に入る	
ご存じ	知る	存じ上げる

◆間違いやすい謙譲語

次の謙譲語は間違いやすいことばである。手紙文などで用いることもあるので覚えておこう。

○「拝」は謙譲語。　自分（側）の行為に用いる
　・見る→拝見する　　・聞く→拝聴する　　・読む→拝読する　など

○「参る」「いたす」は自分（側）に使う
　・参る・申す・いたす　「私が参ります」　「兄がいたします」　など

(3) 丁寧語の基本を覚えよう
　○　語尾や文末を「です」「ます」「ございます」の表現にする
　　　上下関係に左右されない丁寧な表現であることから、習慣にするとよい。

丁寧語は、常体・敬体・最敬体で言いあらわす。

普通の言い方 （常体）	丁寧な言い方 （敬体）	改まった言い方 （最敬体）
する	します	いたします
ある	あります	ございます
そうだ	そうです	さようでございます
もらう	いただきます	頂戴（いた）します
食べる	食べます	いただきます
言う	言います	申します・申し上げます
見る	見ます	拝見（いた）します
行く	行きます	伺います

○お客様に「……でございますか」は、失礼である
　「ございます」は原則とし、自分（側）と、相手の持ち物などに使う。
　　例：「〇〇様でございますね」×
　　　　　→「〇〇様でいらっしゃいますね」○
　　「お客様のお荷物はこちらでございます」　など。

(4) 美化語

「お」や「ご」などを付けて飾って表現することば。
付け過ぎないように注意しよう。

・お天気　　・お名前　　・お電話　　・ご飯　など

○「お（ご）」の使い方

「お（ご）」の使い方は、原則として次のような使い方をするが、一部例外もある。

・「お」は訓読み(くんよ)の「和語」（日本古来のことば）漢字かな交じりの表現に用いる。
　　例）　お持ち　　お尋(たず)ね　　お伝え　　お招き

・「ご」は音読み(おんよ)の「漢語」（中国のことば）漢字の熟語表現などに用いる。
　　例）　ご持参　　ご質問　　ご伝言　　ご招待

美化語「お」「ご」を付けるのはどんなとき？

いろいろな場合	例
相手を立てる意味で表すことば	・社長のお考え・お名前を伺う ・お客様のお荷物・先生のご意向　など
使い方が固定化していることば	・おはようございます・ご苦労さま ・ご飯　・お腹(なか)　など
自分のことだが、相手に関することで習慣的に用いられることば	・お手紙を差し上げる　・お礼 ・ご返事いたします　など
習慣になっていることば	・お客様・お父様・ご夫婦・お嬢様 ・お疲れ様でした　など
付けるとおかしいことば 　・外来語　・建物や施設	・コーヒー　→　おコーヒー（×） ・公民館、都庁、区役所

2. 紛らわしい用語の正しい使い方

ビジネス文書ではしばしば使われる紛らわしい用語がある。これらの用語の意味を正確に把握し、的確な使い方が求められている。紛らわしい用語を次のように大別する。

　　（1）予告の用語　　　（2）並列の用語　　　（3）数に関する用語

（1） 予告の用語

「決して」「全然」「必ずしも」「多分」「おそらく」などの用語は「予告のことば」といわれ、「ない」（否定）とか、「だろう」（推量）のことばが後にくることで成り立っている。

従って、読み手の予測を裏切らないように使う決まりがある。「必ずしもそれは計画どおりだ」とか「全然それはイイ」とは書かない。

次はその用語とその例である。

① 「決して……ない」（しない、でない、ではない）
　　例：決して忘れることはできません。
　　　　決して無理な注文ではない。

② 「必ずしも……ない」（でない、ではない、しない）
　　例：カギは必ずしも万全とはいえない。
　　　　それは必ずしも間違いではない。

③ 「おそらく……だろう」（多分……であろう）
　　例：おそらくその願いは無理だろう。
　　　　多分君の言うことが真実であろう。

④ 「たとえ……でも」（しても、だとしても）
　　例：たとえ好きなことができたとしても参加したくない。
　　　　たとえ1日でも無理はしない。

⑤ 「全然……ない」
　　例：全然話が通じない。
　　　　活動内容が全然わからない。

⑥ 「とても……ない」
　　例：とても本当のこととは思えない。
　　　　とても会議を続行できる状態ではない。

(2) 並列の用語

2つ、3つ以上の事物を並べて述べるときの用語で、使い方が決まっている。

①「および」「ならびに」
ある事物と事物を結び付け、ひとまとめにするときに使う。

　ア．つなげる語が2つのときは「および」を使う。
　　　例：パソコンおよび椅子……

　イ．つなげる語が3つ以上のときは「、」でつなぎ、最後の結びだけ「および」を使う。
　　　例：パソコン、椅子および印刷機……

　ウ．つなげる語が3つ以上で、結ぶ内容が異なるときに、大きなつなぎには「ならびに」を、小さなつなぎには「および」を使う。
　　　例：パソコン、椅子ならびに印刷機およびそれらの搬入について…

②「または」「もしくは」
並んでいる複数の事物から、1つを選択する場合に使う。

　ア．並ぶ語が2つのときは「または」を使う。
　　　例：パソコンまたは椅子……

　イ．並ぶ語が3つ以上で内容が同格の場合は「、」でつなぎ最後だけ「または」を使う。
　　　例：パソコン、椅子または印刷機……

　ウ．並ぶ語が3つ以上で、内容に大小の段階がある場合、大きな選択は「または」でつなぎ、小さな選択には「もしくは」を使う。
　　　例：パソコンまたは電話機もしくはその活用方法は……

(3) 数に関する用語

数字や名詞を含む用語は、日常生活でもよく用いられる紛らわしい用語の典型であろう。その使い方を正確に理解したうえで、用語の活用をするべきである。

① 「以上」「以下」

数字・名詞につくときは、その数字・名詞を含める。
例：3万円以上……（3万円を含む）
　　課長以下10名……（課長を含めて10名）

② 「以内」「以前」「以後」「以降」「以来」

基準になる日時を含む
例：4月1日から3日以前に（以内）……（4月1日から3日まで）
　　5月1日以後……（5月1日を含む）
　　5月1日以降……（5月1日を含む）
　　5月1日以来……（5月1日を含む）

③ 「前」「後」（あと）

例：5月1日前までに……（当日は含まない、4月30日までに）
　　5月1日後……（5月2日から）

④ 「以外」

その前にある人・物を含まない。
例：関係者以外立入り禁止……（関係者だけ入れる）
　　当社の社員以外……（社員だけ）

⑤ 「未満」「満たない」「超える」「超えない」

数字に続くときは、その数字を含まない
例：5名以上10名未満……（5名から9名まで）
　　3万円を超える……（3万円を含まない、3万1円から）

⑥ 「まで」「…に」

例：今週金曜日までに提出のこと……（今から今週の金曜日までのいつでも提出できる）
　　今週金曜日に提出のこと……（提出できるのは今週の金曜日だけ）

⑦ 「はじめ」「ほか」「ら（等）」
　　基準になる数を含める。
　　例：課長はじめ６名……（課長を含める、全員で６名）
　　例：課長ほか４名……（課長を含める、全部で５名）
　　　　Ａ地区は、上田ら３名が担当している
　　　　　　　　　　　　　……（上田を含め、全員で３名が担当）

⑧ 「ぶり」
　　例：彼と３年ぶりに会った……（丸３年間会っていない）

⑨ 「足かけ」
　　例：入社して足かけ３年になる……（入社して２年と何ヵ月）

⑩ 「から」「より」
　　時・場所の起点を表す。
　　例：東京から大阪まで。
　　　　１日から５日まで。
　　　　１日より５日まで休業します。
　（注）：「千円からお預かりします」とは言わない。

　・「より」は比較を表す。
　　例：量より質の時代だ。

3. 決まり文を活用しよう

▶ いろいろな決まり文を覚えて活用すると、手早くおっくうがらずに手紙が書ける。
　ここでは、数例しか挙げていないが、市販本の文例等を活用してもよい。

(1) 前文例

時候のあいさつ	月や季節に合わせて組み合わせる。 ※　第3章　ビジネス文書　参照
感謝のあいさつ	格別のご厚情を賜り誠にありがたく御礼申し上げます。
急ぐとき、見舞状などは、前文を省略する。	前略　取り急ぎ用件のみ申し上げます。 前略　ごめんください。さっそくですが ★頭語に「前略」を用いたとき、結語は「草々」とする。

(2) 主文

・改行して起語、用件に入っていく。
・主文の起語（書き出しのことば）
　さて、ところで、ついては／つきましては

(3) ことばの例

① お詫びのことば
・誠に申し訳なくお詫び申し上げます。
・このたびは、大変ご迷惑をお掛けいたしました。
・あしからずお許しくださいますようお願い申し上げます。

② 連絡のことば
・〇月〇日付でご注文いただきました〇〇は、本日〇〇便でご送付申し上げました。
・お申し越しの〇〇の件は、至急調べまして改めてご返事させていただきます。

③　お願いのことば
・お手数をお掛けしますが、どうぞよろしくお願い申し上げます。
・ご多用中のところ、なにとぞお取り計らいくださいますよう
・恐縮ですが／申し訳ございませんが、なにぶんお力添えくださいますよう

④　督促のことば
・郵便の遅配かと存じますが
・何かの手違いかと存じますが
・お約束の期日も過ぎましたので
・ご都合もおありかと存じますが
・至急お取り計らいくださいますよう

《末文例》
・まずは、書中をもって御礼申し上げます。
・今後とも一層のお引き立てをお願い申し上げます。
・重ねて取り急ぎお願い申し上げます。
　　※「取り急ぎ」の使い方に注意。ことばの意味から、祝い文には用いない。

第5章　ことばの常識

【問題１】 次の短文の敬語の誤りを＝＝＝で消して、その<u>上側</u>に正しく訂正しなさい。

- 私は〇〇大学の〇〇と言います。

- 私はあそこの席で、待っていればいいですね。

- 会社案内を送ってもらいたいんです。

- いつアポイントをとったらいいですか。

- 人事の人と会って話を聞きたいのですが、どうするんですか。

- この書類の書き方を教えてね。

- 分かりました。帰って、そういうふうに伝えます。

- 意見や要望があったら、すみませんが電話をください。

- その日はゼミがあって、行けないんですけど。

- これで、結構ですか？

- メール送ったけど、どうすればいいですか。

【問題2】次の空欄に解答を記入しなさい。

1．次のことばを付加形式の尊敬語にしなさい。

1	行く		6	聞く	
2	読む		7	見る	
3	書く		8	する	
4	来る		9	受ける	
5	言う		10	出席する	

2．次のことばをもっとも敬意の高いことばで表しなさい。

1	する		5	思う	
2	言う		6	死ぬ	
3	来る		7	気に入る	
4	もらう		8	食べる	

3．次のことばで尊敬語には○、謙譲語には×をつけなさい。

1	いたす		9	召し上がる	
2	おっしゃる		10	拝見する	
3	申す		11	承る	
4	いらっしゃる		12	拝聴する	
5	まいる		13	拝借する	
6	差し上げる		14	ご覧にいれる	
7	お亡くなりになる		15	お目にかかる	
8	おぼしめす		16	ご覧になる	

4．次のことばを、丁寧な言い方と改まった言い方に直しなさい。

		丁寧な言い方	改まった言い方
1	する		
2	ある		
3	そうだ		
4	言う		
5	見る		
6	行く		
7	もらう		
8	食べる		

第6章　文書関連知識

1. 見やすい文書にする工夫

　企画書や報告書などを分かりやすく、説得力のある表現にするためには、図表化（表・図・グラフなど）することでより効果的になる。ここでは図表化にする場合の基礎知識について述べる。

(1) 図表化のメリット

　視覚的効果がある。文章では理解しにくい数値も、表やグラフにすると、理解されやすい。
　・全体の中の部分的な傾向がはっきりとつかめる。
　・一目で分かるので、全般的な総合判断がつき、すばやい対策が立てられる。
　・データとデータの関係がつかみやすい。
　・異常な事態（急激な減少や上昇など）があれば、すぐに分かる。

(2) なぜ図・表・グラフにするのか

　目的によって、作成する図・表・グラフが違ってくる。
　・問題を発見するため
　・問題を解決するため
　・単に経過をみるため

(3) どの資料・数値を使用するのかを決める

　目的に合わせて、必要ならば平均値を出し、比率、指数などを算出し、図・表・グラフに表現しやすい数値のまとめ方をする。

(4) どんな形の図・表・グラフにするのかを決める

　・推移……物事の移り変わり、経過を時系列に並べるとき
　・比較……物事の長所・短所や変化、得点、数量、予算と実績、売上高などの
　　　　　　対比・比較するとき

- 内訳……予算の内訳、見積、内容の分類などのとき
- 一覧表……製品、商品、推奨品、人名など同一のものを一覧にして分かりやすくし、リストにしてチェックしやすいようにする

(5) よく使われるグラフ作成の目安
① 線グラフ……売上高、原価、利益、生産高などの変化や推移を表す
② 縦・横の棒グラフ……販売高、回収高、売上高などの比較を表す
③ 円グラフ・帯グラフ……利益、分布、アンケート結果など構成比率を表す（ヒントは割合・％）
④ 散布図……2つの量の関係（相関）を表す（チャート参照）

(6) グラフ化の基礎知識
①タイトル・表題をつける
②縦軸に単位、横軸に時間経過の目盛を入れる
③基点は原則として「0̈（ゼロ）」にする
④縦軸の単位に格差があるときは、中断記号を用いる
⑤基準となる単位を示す
⑥凡例を示す（線・棒グラフ参照）
⑦一つの中に複数のデータを描く場合は、線や棒の形を変えたり、色分けで区別する（線・棒グラフ・チャート参照）

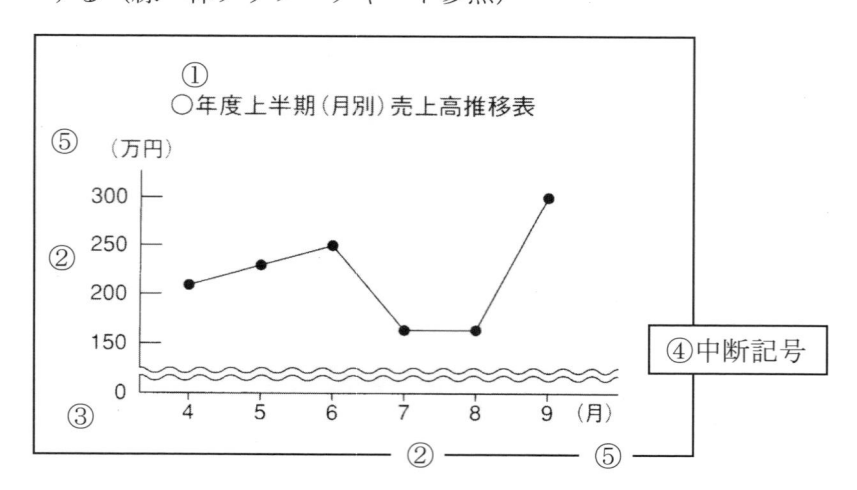

① ○年度上半期（月別）売上高推移表
⑤（万円）
④中断記号

【例】

●線グラフ……経過、推移を表す場合

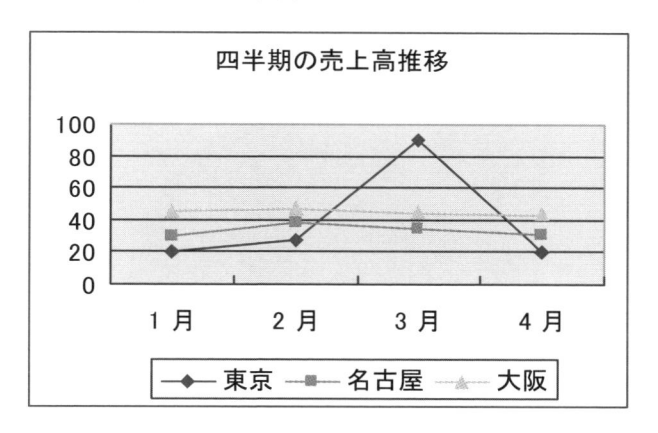

●棒グラフ……数量を比較する場合

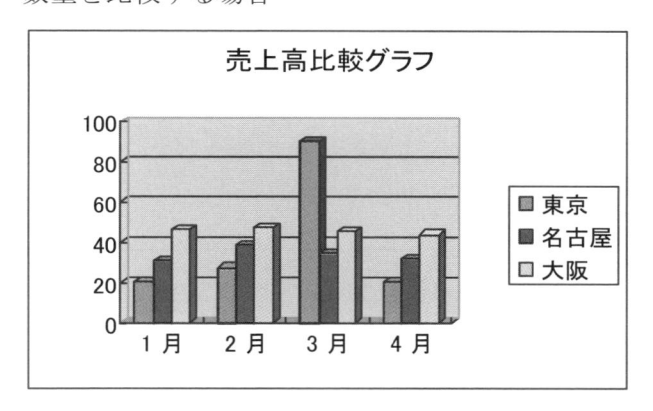

●帯グラフ……全体の構成比や内訳の割合（％）を示す場合（ヒントは％・100分率）

令和〇年度　製品別売上高

| A, 24% | B, 20% | C, 16% | D, 13% | E, 9% | F, 5% | その他, 13% |

＊帯・円グラフの書き方は2通りある。
①**数字の大きい順**に左から右へ並べる。（帯グラフ参照）
②数字の大小に関わらず、**項目順**に並べる。（アンケート等、円グラフ参照）
　いずれも項目と数字を入れ、また「その他」「無記名」などは最後にする。

●円グラフ　……　売上高や利益、分布など全体を構成する内訳の割合（％）を示す場合

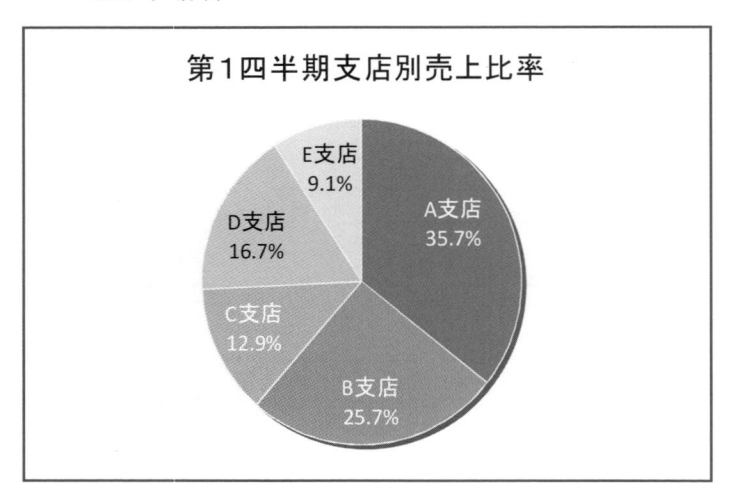

第1四半期支店別売上比率
- A支店 35.7%
- B支店 25.7%
- C支店 12.9%
- D支店 16.7%
- E支店 9.1%

●レーダーチャート……複数の項目の大きさ・量を比較する。各項目は円状または正多角形状に配置されている。
クモの巣グラフともいう。

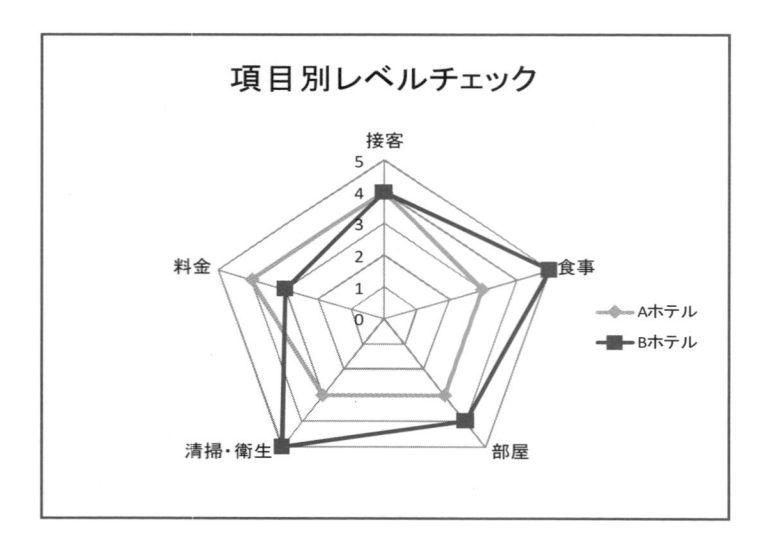

項目別レベルチェック

項目：接客、食事、部屋、清掃・衛生、料金

凡例：Aホテル、Bホテル

2. 視覚的な工夫

　文書の中で、情報の重要度や内容の違いを視覚的な工夫をして示すと、分かりやすく見やすい文書になる。

　① 文字のサイズや書体を変える。

　　見出しや項目は、文字サイズを大きくしたり、書体を変更することで他より目立たせる効果がある。

　　パソコンで作成する場合、文字サイズ（フォントサイズ）は（表－1）の既定以外にも、各自でサイズの変更が可能になっている。

　　また、書体も数十種類揃っているので、一般文書からカタログ、宣伝用パンフレットなど、かなり込み入ったものにも対応できる。（表－2）

（表－1）　文字サイズの常識

8　ポイント	…… 石村商会株式会社
10.5 ポイント	…… 石村商会株式会社　（標準サイズ）
12　ポイント	…… 石村商会株式会社
16　ポイント	…… 石村商会株式会社
20　ポイント	…… 石村商会株式会社
	（4倍角）

72　ポイント

東

（表－2）　書　体

日本語
明朝体	……	三井商事会社
ゴシック体	……	**三井商事会社**
正楷書体	……	三井商事会社
ポップ体	……	**三井商事会社**　他多数

英文用
Century	……	ABCDEF　abcdef
Times New Roman	……	ABCDEF　abcdef
Courier New	……	ABCDEF　abcdef
		他多数

②　記号の使い方

```
使用の順序
    ◆  →  ■  →  ●  →  ◎  →  ○
注目させる記号
    ※　★　☆
```

　　　◆■は印象が強いので、下の例のように上位の階層にもってくる。

【記号を使用した例】

```
■　議事録作成の意味
　●　記録として残し後日の参考にするため
　●　決定事項を確認するため
　●　決定に至る経過を記録して後日の参考にするため
　●　欠席者および関係者に報告するため
```

③　線を引いたり、対象部分を囲んだりする

　ア．強調するために使う

　　　線を上下に添えると、その文字の周辺が強調される。また、本文中で強調したい部分は、下線（アンダーライン）を引くと視覚的に効果がある。

　　【例】

```
　　文書実務について
　1．わかりやすい文章
　　　文書を書く場合、一度下書きをして
```

　イ．分離に使う

　　【例】

| 文書を作成するときは、
5W3Hを心掛ける | （注）
5W3Hとは |

-128-

④ 枠線の種類を変える

　本文中のある一部分を強調したいときは、枠を利用すると効果的である。パソコンにも、いろいろな枠線が搭載されているので、内容の重要度や優先度にあわせて枠の形や線の太さを変えて、メリハリをつけると見やすくなる。

【例】

　深海調査艇の中は、まるでドナルドダックが話をしているように聞こえる甲高いダックボイスが飛び交う。

入力のポイント
　甲高い→かんだかい　飛び交う→とびかう

　深海調査艇の中は、まるでドナルドダックが話をしているように聞こえる甲高いダックボイスが飛び交う。

入力のポイント
　甲高い→かんだかい　飛び交う→とびかう

⑤　対象部分に網掛けをする

　　網を掛けることで他の部分との違いをはっきりさせる。

　　文字の上に網を掛けるときは、網の色を薄めにしないと文字が不鮮明になるので注意したい。

　　網は文字だけでなく、表の行や列の強調度が増して注目度が高まる。

【例】ビジュアル要素に使う

　　　第１０回　　事務管理委員会

⑥　段落・字下げをする

　　段落（パラグラフ）というのは、形式から見れば、長い文章の一区切り（節）である。

　　文章は、いくつかの節によって構成されているが、その節の変わり目では、改行して、１字下げ（字下げ）して書き始める。縦書き、横書きともに字下げをしていないと、どこが段落になっているのか分からず、読みにくく理解しにくい文章になる。

　　本文中で、箇条書きや引用文、特に読んでもらいたい部分や、分離したい部分に使うと効果的である。

英文のインデント

　　日本語の文章の段落は１字下げるが（※この文の形式）、英語の文章の段落では、普通５字下げるという決まりがある。これは、英語は単語を１語と考え、単語は１文字のものもあれば長いものもあるので、１語を平均５文字としているためである。

　　英文の段落（パラグラフ）の付け方と日本語文の段落の付け方を見てみよう。

フォント名	Courier New
フォントサイズ	10.5

```
    Geographically Canada is the second largest country in
the world.  Economically it is one of the most industrialized
and enjoys one of the highest standards of loving.

    Socially it is one of the most diverse, for the Canadian
people have come from every land on the globe.  Historically
Canada has been part of the French and British  Empires, and,
like   many   other   countries,   has   achieved   its   complete
independence only in this century.  Politically it has enjoyed
democratic institutions for well over one hundred years.  It
is not an easy country to understand, even for Canadians.
                                       From [Canada Today]
```

日本語訳

　地理学上カナダは、世界で２番目に大きな国である。経済的には最も産業化されている中の１つであり、高い生活水準を保っている。社会的には、最も多種多様である。というのはカナダの人々は、地球上のあらゆる土地からやってきたからである。歴史的には、カナダはフランスとイギリス帝国に支配されており、その他の国と同じように今世紀唯一完全に独立を成し遂げた。政治上では、100年以上にわたって民主主義の制度を満喫している。カナダ人さえ、簡単に理解できない国である。

3. 用紙サイズと余白

　用紙サイズは、その書類や資料がどのように使われるのかによって決まってくる。

　日本の用紙サイズは、A判、B判の規格サイズがＪＩＳ規格（日本工業規格）で決まっている。ＪＩＳで定められた用紙サイズは、標準化しやすく、用紙取りに無駄がないのでコストも節約できる。しかし、最近の国際化に伴って一般企業に加えて官公庁でも、Ａ４判が標準となっている。

【用紙のサイズ（JIS　P0138）単位:mm】

番	A 列	B 列
0	841×1189	1030×1456
1	594× 841	728×1030
2	420× 594	515× 728
3	297× 420	364× 515
4	210× 297	257× 364
5	148× 210	182× 257
6	105× 148	128× 182
7	74× 105	91× 128
8	52× 74	64× 91
9	37× 52	45× 64
10	26× 37	32× 45

Ａ４判の例
　月刊誌　など

Ｂ５判の例
　週刊誌、ｷｬﾝﾊﾟｽﾉｰﾄ
　　　　　　　など

Ａ６判の例
　官製はがき　など

用紙のサイズとともに、その余白（マージン）部分も全体のバランスをとるためには重要になってくる。パソコンには、用紙サイズに合わせて体裁よく納まる程度の「1行の文字数」「1ページの行数」が入っており（A4判では70％程度）、それに伴って「余白」も決まっている。

　一般的に見やすい印刷範囲（本文や図表が入る部分）をとってある。

Wordの設定（A4判の場合）
文字数（40字）と行数（36行）　　余白

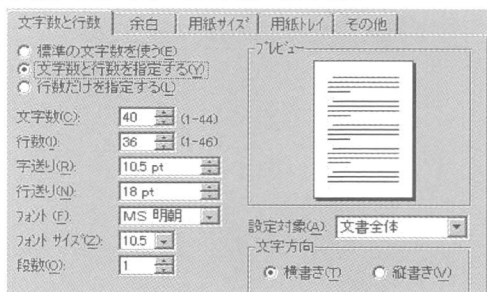

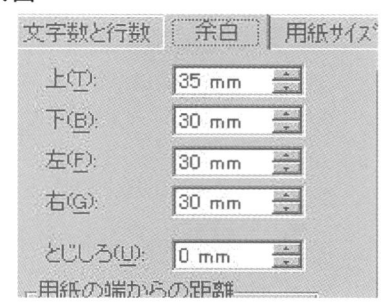

4. 見出し記号の使い方

　文書の各項目や箇条書きの見出し記号は、これを統一しておくと全体との関連がはっきりする。

　見出しは、級が下がるごとに、1字ずつずらして書く。

　① 一般的な分け方

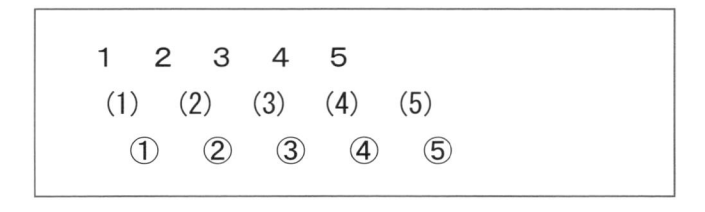

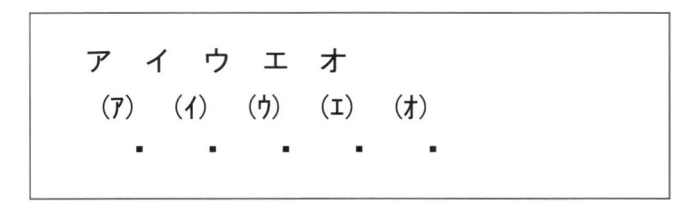

```
1   2   3   4   5
(1) (2) (3) (4) (5)
 ①   ②   ③   ④   ⑤
```

```
ア   イ   ウ   エ   オ
(ｱ) (ｲ) (ｳ) (ｴ) (ｵ)
 ・   ・   ・   ・   ・
```

```
A  B  C  D  E
a  b  c  d  e
(a) (b) (c) (d) (e)
```

```
Ⅰ   Ⅱ   Ⅲ   Ⅳ   Ⅴ
ⅰ   ⅱ   ⅲ   ⅳ   ⅴ
(ⅰ) (ⅱ) (ⅲ) (ⅳ) (ⅴ)
```

② パソコン（Word）の見出し記号

なし	1 _____ 1.1 _____ 1.1.1 _____	1. _____ 1.1. _____ 1.1.1 _____	1 _____ 1－1 _____ (1) _____
1 _____ (ア) _____ ① _____	**第1章** _____ **1.** _____ (1) _____	第一章 _____ 第一節 _____ 第一項 _____	1. _____ a. _____ ⅰ. _____

ビジネス文書文例集

1. 社外文書
（1）交渉状

　　　交渉状は、特に口頭より通信文書による方が交渉しやすい場合が多い。
　　文書を出すタイミングが大切である。ただやみくもに交渉してもうまくいくわけではない。機がよく熟した頃合いを見計らって、作成・発送することが交渉を円滑に運ぶことになる。

交渉状【文例】

　　　　　　　　　　　　　　　　　　　　　　　令和〇〇年〇月〇日
　株式会社　楽陽社
　　取締役社長　岬　清三郎　殿
　　　　　　　　　　　　　　　　　　東柴商事株式会社
　　　　　　　　　　　　　　　　　　　社長　国枝　博則　㊞

<u>値上げ再考のお願い</u>

拝啓　時下ますますご清栄のこととお喜び申し上げます。毎々格別のお引き立てを賜りありがとうございます。
　さて、さっそくながら先般当方よりお願いいたしました納入商品の値上げについては、全面的に容認できないとのご回答でありましたが、この件もう一度ご検討くださいますよう伏してお願い申し上げます。
　これまでのお取引の経緯と現在の業界の動向等からして、値上げをお願いするのは、あらゆる内部努力をした上での、万やむを得ない措置と重ねてご理解を仰ぐものです。
　何とぞ、ご再考の上、よりよいご返事がいただけますよう重ねてお願い申し上げます。
　　　　　　　　　　　　　　　　　　　　　　　　　　　敬　具

(2) 勧誘状

　会社にとって、取引範囲を広げることは、業績を上げるうえで何よりも大切なことである。よりよい外注先の開拓は、積極的に働き掛ける必要がある。これと思われるところには、どんどん勧誘をして、何らかの反応があった場合は、すぐに担当者を差し向けるようにしたい。

勧誘状【文例】

　　　　　　　　　　　　　　　　　　　　　令和〇〇年〇月〇日
勝沼商会株式会社
　営業所長　志水　民雄様
　　　　　　　　　　　　　　　栄正化粧品株式会社
　　　　　　　　　　　　　　　　営業部長　下田　克典　㊞

<u>　　　　　　　　特約店募集のご案内　　　　　　　　</u>

拝啓　時下ますますご隆盛のこととお喜び申し上げます。
　さて、本日突然の書状を差し上げましたが、ご不審のことと拝察いたします。
　本状の用件は、貴社との特約店契約についてのお勧めでございます。弊社の概要および特約店契約の諸条件は、同封別紙の説明書をご覧ください。
　貴社におかれましても、必ずお得になる契約内容と確信いたします。ぜひ、内容をご検討いただき、ご一報賜りますようお願い申し上げます。
　まずは、書面にてご案内申し上げます。
　　　　　　　　　　　　　　　　　　　　　　　　　敬　具

　添付書類　　弊社会社概要　一式

　　　　　　　　　　　　　　　　　　　　　　　　　以　上

(3) 断り状

謝絶状ともいう。

相手の申し入れに対して、拒否を示す否定的な内容の文書である。このような文書は、なかなか出しにくいものだが、ぐずぐずせずにできるだけ早く出した方がよい。断りの理由は、はっきりと書いた方が誤解を招かずよいが、後の取り引きに影響を及ぼさない配慮も必要である。

断り状【文例】

令和○○年○月○日

創造工芸社
　　社長　景山　幸助　様

　　　　　　　　　　　　　　審美商会株式会社
　　　　　　　　　　　　　　　代表取締役　的場　弘樹　㊞

拝復　時下ますますご発展のこととお喜び申し上げます。
　さて、このたびのお申し越しの件につきましては、せっかくのお申し越しではございますが、なにぶん監督官庁の行政指導のこともあり、誠に申し訳ございませんが、ご希望に沿えることができません。
　何とぞ事情ご賢察のうえ、よろしくご配慮願いたくお願い申し上げます。
　　　　　　　　　　　　　　　　　　　　　　　　　敬　具

（4）取消状

　依頼したことを取り消す文書なので、拒絶状と同様に、なかなか出しにくいが、早く出さないと取り消しができなくなる恐れがある。
　取り消しの理由は内容にもよるが、やはり後の取り引きに影響を及ぼさないよう配慮したい。

取消状【文例】

　　　　　　　　　　　　　　　　　　　　　　　総務発第２３４号
　　　　　　　　　　　　　　　　　　　　　　　令和〇〇年９月〇日
峰岸文具店　御中

　　　　　　　　　　　　　　　　株式会社　ＡＰＯＲＯ
　　　　　　　　　　　　　　　　代表取締役　杉田　光男　㊞

<u>　　　　　　　　　注文取り消しの件　　　　　　　　　</u>

前略　去る７月15日付弊総発第218号にて注文のレタリング用Ａ判30枚、Ｂ判40枚、納期が８月20日にもかかわらず、未だ納入されず、当方といたしましても、事務上支障を来たしております。
　つきましては、これ以上納期遅延を待つわけにも参りませんので、注文を取り消したいと存じます。
　何とぞよろしくお取り計らいください。
　まずは、注文取消しの通知まで。
　　　　　　　　　　　　　　　　　　　　　　　　　　　草々

２．社交文書
（１）礼状

礼状【文例】

　　　　　　　　　　　　　　　　　　　　　　　　　　令和〇〇年〇月〇日

　　株式会社白川製作所
　　　　工場長　梅本　松雄　殿

　　　　　　　　　　　　　　　　　　　　　原島商事株式会社
　　　　　　　　　　　　　　　　　　　　　　営業部　三田村　雅志　㊞

拝啓　貴社ますますご隆昌のこととお喜び申し上げます。平素より格別の
ご高配にあずかり厚く御礼申し上げます。
　さて、先日はご多用中にも関わらず、貴社訪問の節は快くご面会いただき、
ありがとうございました。
　お陰様にて、現場の皆様の貴重なご意見を拝聴し、誠に有意義な機会を
得ることができましたこと、感謝の念に堪えません。
　今後とも、承りましたご高説は、弊社製品に反映させるべく努力をして
参る所存でございます。
　なお一層のご支援ご協力を賜りますよう書面にて失礼とは存じますが、
お願い申し上げる次第でございます。

　　　　　　　　　　　　　　　　　　　　　　　　　　　　　敬　具

（2）お悔状(くやみじょう)

弔慰状【文例】

このたびは○○○○様ご急逝の報に接し　まことに驚愕いたしました　ここに謹んで哀悼の意を表するとともにご冥福をお祈り申し上げます

ご遺族のみなさまのお嘆きはいかばかりかと拝察申し上げます

このうえは　亡き御霊へのご供養こそが専一と存じます

どうぞ　皆様にはお体を大切になさいますようお祈り申し上げます

まずは書中をもってお悔やみを申し上げます

敬具

令和○○年○月○日

星野　善一

夏川　成子　様

3. 社内文書
（1）掲示文

　　社内の掲示板等に掲示される文書である。内容としては次のようなものがある。
　　　① サークルからのお知らせ
　　　② 講演会、研修会などの開催
　　　③ 催し物のお知らせ
　　　④ 健康診断日の日程
　　　⑤ 事故の注意

　　書き方としては、文字の太さや色に変化を持たせ、絵などを入れて人目を引く工夫が必要である。文字の大きさも、少し大きめと思われるくらい大きくした方がよい。

掲示文【文例】

```
                                             令和〇〇年9月〇日
社員のみなさん
                                                 企画委員会

                    社員旅行について
　紅葉の季節、みなさんの声を結集して以下のように本年1回目にして最後と
なる旅行を企画しました。必ずや楽しいものにします。全員参加をお願いします。
                        記

  日　時：　〇月〇日（〇）               楽しいイベントを用意！
         ～〇月〇日（〇）
  場　所：　群馬県　榛名湖　〇〇ホテル


                                        ※詳細は　山下まで
```

(2) 議事録

その議案に基づいて審議を進め、出席者の意見を聞いて結論を出さなければならないような会議の場合、必ず「議事録」の作成が必要になる。

■ 議事録の一般的な様式

① 議事録の名称

② 会議の開催日時・開催場所後の問い合わせなどを想定して、詳細に記入する。

③ 出席者名

　一人一人正確に記入する。

　「○○部○○部長　他1名」というように代表者だけ記入する場合もある。

④ 記録責任者

　担当部門名と担当者名を記入する。

⑤ 議題

　一つの議案書には、一つの議題のみとする。

⑥ 会議の趣旨

　その会議を開催する趣旨や目的を、会議の初めに主催者が挨拶や口上で述べたことを要約して書くこと。しかし、単なる挨拶で終わるときもあるので、その場合は、本文中に「あいさつ（○○人事部長）」と記入しておく。

⑦ 議事の経過（本文）

　議事録の本文となる大事な部分である。会議によって書き方が二通りに分けられる。

- 議事主体の会議
- 結論に重点をおいて書く。

　　各人の発言内容を詳細に記録する必要はない。重要な発言は必要に応じて発言者名を入れてその旨を簡潔に書く。肝心なポイントは逃さず、事実を正確に書くことが本文を書くコツである。

- 報告や打ち合わせを主体とする会議

　　社内での発表会や連絡・打合会などでは、あらかじめ決められたスケジュールで進行するので、そのプログラムを列記し、各報告を中心に記述する。

⑧ 署名人

　正式の議事録では、署名人が記名捺印する。

議事録（文例）

理事会議事録

1. 日　　時　　令和〇〇年〇月〇日　午後1時～3時
2. 場　　所　　本社5階　第3会議室
3. 理事定数　　8名
4. 出席理事　　6名　　松平　康夫　　安田　宏宜
　　　　　　　　　　　富岡　賢治　　飯林　静夫
　　　　　　　　　　　東山　俊介　　涌井　守男
　　　（欠席理事　2名　渡部　紀之　　春日　祐二）
5. 記録者　　涌井　守男
6. 議　　案　　財団法人方丈会　理事の補充について

(1) 松平　康夫が議長となり、寄附行為第11条6項に規定する理事総数の3分の2以上の出席により、所定の定数に達したので開会を宣し、議案審議に入った。

(2) まず、議長は、財団法人方丈会、理事渡辺紀之氏の任期満了（令和〇〇年3月31日）に備え、次期常任理事として小宮山秀重氏の選任については、昨年9月20日の理事会において予め、可決済みであることを述べ、確認を求めた。

(3) 次いで説明に入り、理事渡辺紀之氏は任期満了と共に、会社条例法第35条方丈会寄附行為第11条1項の規定によって、小宮山秀重氏が理事として選任になることを述べた。

(4) 以上の議題について、全員異議なく了承し、小宮山秀重氏の次期取締役並びに理事就任について可決した。

よって、議長は議事終了の旨を告げ、午後3時閉会を宣した。

令和〇〇年〇月〇日

署名人
　　　　　　理事長　松平　康夫　㊞
　　　　　　理　事　安田　宏宜　㊞
　　　　　　理　事　富岡　賢治　㊞

(3) 稟議書(りんぎしょ)

　稟議書とは、新しい仕事や改善案を提案する場合、上長、または決裁権を持つ上の人に、決裁承認を得るための文書である。合議の上、印鑑が全部そろえば効力を発する。

■　稟議書の作成手順
① 　目的をしっかりとつかむ。
　　　５Ｗ３Ｈの原則でチェックする。
② 　調査をする。
　　　これまでの経過、先例があるかどうか、客観データの有無を十分調べた上で着手する。
③ 　様式それぞれに記入する内容の構想を練る。
④ 　原案をつくって、直接の上司や関係者に相談しながら、いわゆる"根回し"をする。
⑤ 　これらをもとに文書を書く。
⑥ 　文書の内容についての上司や関係者の質疑をあらかじめ推測して、対応策を考え、抜け落ちている点がないようにしておく。
⑦ 　説明事項が多い場合は表にまとめたり、資料を添付する。

稟議書【文例１】

令和〇〇年〇月〇日

総務部長　殿

　　　　　　　　　　　　　総務部庶務課　佐々木　真吾　㊞

電話教育用教材の購入について

　新入社員だけでなくベテラン社員の電話利用の再教育ため、下記により教材を購入してよろしいか伺います。

記

1．教材の名称　　「電話活用術入門／応用」
2．発　行　所　　東経近代経営社
3．著　　　者　　筒井　道夫（ビジネス評論家）
4．購入選定の理由
　　単なる解説方式でなく、自分で試し正しく理解できる「ドリル方式」をとっているため。
5．所　要　経　費　　450,000円（450円×1,000部）
6．配　布　方　法　　社員１人１冊（予備20冊）

以　上

稟議書【文例２】

稟 議 書

下記の事項につき、申請いたしますので、ご承認をお願いします。

1	決済事項	報道部に乗用車を３台増車の伺い
2	目　　的	機動力不足で緻密な取材活動が望めず、他社に抜かれることが多い。そこで、この増車により解決したい。
3	効　　果	① 即座に取材態勢が組める。 ② 待機時間が短縮され、能率的な取材活動ができる。 ③ その結果、記者の余分な残業を整理でき、残業手当を減らすことができる。
4	添付資料	① 月間の記事の本数 ② 増車により増えると推定される記事量 ③ 残業手当の支払い状況 ④ 増車により減ると推定される残業手当の額

この種の稟議書は、会社が様式を定め「帳票化（ちょうひょうか）」してある。

※帳票：帳簿や伝票のこと。

その他の文書
1. 契約書

　売買・貸借・請負・雇用・委任などについて約束事を定め、それを書いて当事者同士で取り交わす文書を契約書という。

　契約書は、条文形式をとって書くのが一般的で、数枚にわたるものは、袋とじの形式で当事者がその合わせ目および袋とじをした箇所に割り印をする。

　承諾の期間を定めて申込みをするような契約申込書では、法律（民法第521条）で申込みを取り消すことはできないことになっている。

契約書【文例】

```
┌──────────┐
│ 収入     │
│ 印紙     │
└──────────┘
```

　　　　　　　　　　　特約店契約書

　明日香商会株式会社を甲とし、緑川商事株式会社を乙とし、甲乙間に、甲の製造するハンドバッグにつき、下記のとおり特約店契約を締結する。

第1条　甲は、乙をその特約店に指定し、商品を継続的に売り渡し、乙はこれを買い受けることを約束した。
第2条　甲乙間の商品の販売価格・支払条件・その他甲乙間の取り引きに必要な細目については別に定める。
第3条　本契約の期間は定めないが、甲乙とも本契約を解除したい時は、その3ヵ月前に予告しなければならない。

　以上、契約の証として本書2通を作成し、当事者記名押印の上、各1通を所持する。
　　令和〇〇年〇月〇日
　　　　　　　　　　　　　甲　　東京都豊島区東池袋1－3－4
　　　　　　　　　　　　　　　　明日香商会株式会社　　印

　　　　　　　　　　　　　乙　　東京都世田谷区等々力6－1
　　　　　　　　　　　　　　　　緑川商事株式会社　　　印

2. 始末書(しまつしょ)

　就業規則に違反した行為をしたり、事故を起こして会社に損害を与えたり、部下が不始末をするといったことがあると、ビジネス社会では、必ずこの始末書を書くことになる。

始末書【文例】

　　　　　　　　　　　　　　　　　　　　　　　　令和○○年○月○日

東京経営商事株式会社
　代表取締役　田中　次郎　様

　　　　　　　　　　　　　　　　　　管理課長　鈴木　太郎　㊞

始　末　書

　先般（○月○日）わたくしの監督不十分の結果、会社第二工場の施設に多大の損害を与えることになりました。わたくしは、今回の事件を深く反省し、部下の指導・育成に努め、今後再びかかる事故発生のないように万全の管理を積み上げることを固くお誓いいたします。

　つきましては、ここに始末書を提出いたします。

　　　　　　　　　　　　　　　　　　　　　　　　　　以　上

3．内容証明文

　　契約書は、当事者同士が取り交わす文書であるが、二者間でのトラブルを防ぐ意味で、内容証明は、3枚綴りでコピーをして作成する。当事者間で1枚ずつ、さらに残りの1枚は郵便局にあずけておく。

　　特に、金銭問題の催促書などは、内容証明郵便で催促し、応じない場合には法律に訴えるということになる。

4．その他法律に関係のある文書

　　意匠登録願　　　⇒　　　特許庁へ提出
　　登記申請書　　　⇒　　　法務局へ申請

　　その他法律に関係のある文書については、まだまだいろいろあるが、専門的な内容が多いので割愛する。

参考文献

「ビジネスレターの書き方」　社団法人日本経営協会
「ビジネスのための文章用例辞典」　安田賀計編　株式会社ぎょうせい
「文章・表現２００の鉄則」　永山嘉昭編　日経BP社出版センター
「文書の達人になる法」　安田賀計著株式会社ぎょうせい
「文章の技術」　片山寛和著　日本能率協会マネジメントセンター
「ビジネス文書」　三沢仁著　産能短期大学
「３行で決める文章術」　野村正樹著　日本実業出版社
「ビジネス文書検定受験ガイド１・２級」「同３級」
　　　　　　　　　　実務技能検定協会編　早稲田教育出版
「現代表記と文章技術」　松坂忠則著　学事出版
「理科系の作文技術」　木下是雄著　中公新書
「秘書実務演習２１６」　杉浦允・三村善美著　早稲田教育出版
「国語表現」　安本美典編著　建帛社
「エクセレント国語表現法」　福永弘之編著　樹林房
「現代秘書の基礎知識」　中村健寿　建帛社
「ビジネス会話力」　石井典子著　日本能率マネジメントセンター
「パソコン技能検定ビジネス実務」　石井典子著　日本能率マネジメントセンター
「新　生活教養」　近喰晴子・三村善美他著　建帛社
「秘書検定集中講義３級」　実務技能検定協会編　早稲田教育出版
「大人力を鍛える敬語トレーニング」　本間陽二著　池田書房

石井 典子（いしい のりこ）
元 東京経営短期大学准教授
一般財団法人 キャリア教育振興協会理事長
日本商工会議所 IT活用能力検定試験制度研究会委員
一般財団法人 個人情報保護士会 理事
全日本情報学習振興協会 日本知識力検定試験 委員長

［主な著書］
「ビジネス会話力検定」日本能率協会マネジメントセンター 2010年，他
「パソコン技能検定ビジネス実務試験」他

三村 善美（みむら よしみ）
前 福島学院大学 短期大学部 教授
元 東洋女子短期大学 教授
秘書サービス接遇教育学会 顧問

［主な著書］
「新 生活教養」近喰晴子他共著 建帛社 2008年
「パソコン活用による日本語コミュニケーション実践ノート」風間書房 2006年
「ビジネス実務」建帛社 1998年，他

ビジネス文書実務　改訂版

2012年2月10日　改訂初版発行
2022年2月20日　第4刷発行

著　者　石井 典子　三村 善美Ⓒ
発行者　笹森 哲夫
発行所　早稲田教育出版
〒169-0075 東京都新宿区高田馬場一丁目4番15号
株式会社早稲田ビジネスサービス
https://www.waseda.gr.jp/
電話　(03)3209-6201

落丁本・乱丁本はお取り替えいたします。
本書の無断複写は著作権法上での例外を除き禁じられています。購入者以外の第三者による本書のいかなる電子複製も一切認められておりません。